智元微库
OPEN MIND

成长也是一种美好

小红书的职场博主们系列

新潮

Dream Career

职业

小红书的博主们 著

人民邮电出版社

北京

图书在版编目（ＣＩＰ）数据

新潮职业 / 小红书的博主们著. -- 北京 ： 人民邮
电出版社，2022.12（2023.5重印）
（小红书的职场博主们系列）
ISBN 978-7-115-59753-3

Ⅰ．①新… Ⅱ．①小… Ⅲ．①职业选择－青年读物
Ⅳ．①C913.2-49

中国版本图书馆CIP数据核字(2022)第124270号

◆ 著　小红书的博主们
责任编辑　林飞翔
责任印制　周昇亮
◆ 人民邮电出版社出版发行　北京市丰台区成寿寺路11号
邮编 100164　电子邮件 315@ptpress.com.cn
网址 https://www.ptpress.com.cn
河北京平诚乾印刷有限公司印刷
◆ 开本：720×960　1/16
印张：16　　　　　　　　2022 年 12 月第 1 版
字数：240 千字　　　　　2023 年 5 月河北第 3 次印刷

定　价：69.80 元
读者服务热线：（010）81055522　印装质量热线：（010）81055316
反盗版热线：（010）81055315
广告经营许可证：京东市监广登字20170147号

导读
Introduction

你将如何预测自己的未来

未来是可预测的吗？

接受了几十年的科学熏陶，我会果断地说：大概只有"神棍"敢说"可以"。不过，在某种程度上，未来确实是可预测的。

可预测的人生轨迹

假如你想预测 30 岁、40 岁、50 岁的自己，就看看你身边 30 岁、40 岁、50 岁的人，其中某个人身上可能就有你未来的影子。

人生大致的轨迹，是可预测的。

人的一生从出生到死亡，大概率都要经历求学、工作，其间会经历做不完的作业、不听话被爸妈言语"扫射"、渴望独立、初恋、对未来迷茫、怀疑自己、确认自己的平凡等。随着年龄的增长，你的愿望也在变化，从追求物质生活到渴望过有意义的生活……

人生各阶段的轨迹有其共性，快乐、烦恼、欲望也大抵相似。**每个角落，其实都上演着相似的人生。**

假如你陷入自我的循环、在精神内耗中迷茫，那么你一定要坚强些，要知道，这个世界有无数和你一样的人在感受和经历着和你一样的不痛快。不是只有你一个人是这样的。

当我明白这些道理后，就变得豁达了一些——我并不孤单。

一个更重要的变化是，我会去观察身边 30 岁、40 岁、50 岁的人，设想：再过几年，我会不会像他们这样？我想变成这样吗？我想成为我现在的领导这样的人吗？

你注定要经历 30 岁、40 岁、50 岁。

既然如此，你可以选择一个目标，并努力朝着那个方向走。

策划这本书，正是基于上述认识。假如你很迷茫，看看别人的人生；假如你想创业，看看别人是怎么做的；假如你正经历疲惫，看看别人是如何走过倦怠期的。

为此，我们发动上万名职业达人，从中优选 24 名代表性达人，去追踪他们的奋斗史、至暗时刻、成就感，去听他们讲述达成今日成就的引爆点、遇见的有趣的人和事，以及他们坚守的信念。

我不可能把所有困难都讲给你听，但这些追光者的热爱，你一定要看看。

在内容设计上，我们希望一半是人生经历，一半是职业介绍。每位讲述者的侧重点会有所不同。之所以选工作这个角度，是因为我们人生中差不多 1/3 的时间在工作。这些讲述者都有一个特点：从事着他们热爱的事业，而不仅仅是在做一份工作。

本书涵盖 24 种职业，这里有"内行才知道"的大爆料，有你从没听过的有趣又好玩的全新职业，有传统职业的新变化，也有发展潜力巨大的小众职业。

这些讲述者，有拥有近百万关注者的大牛人，有身家过亿的创业成功者，也有潜力巨大的新人。我们尽可能多维度交叉呈现，让这些榜样尽可能多样化，以便提供更好的参考。

自我预言的实现

可能有些人会觉得，以上说法像鸡汤，现实生活中，你不可能有和别人一样的环境。

事实上，你根本不需要一个"精确的错误"——你不可能成为别人，你只需要一个"模糊的正确"——你想成为什么样（类型）的人。假如你相信自己能够成为那样的人，预言确实有很大概率会自我实现。

我想和你聊聊"反身性"这个好玩的理念。

你能预测明天股市的涨跌吗？正如我们能预测自己的人生吗？不能，但也能。

假如你预测明天的股市会跌，你会卖出你的股票，而卖出的行为，会加剧股市的下跌。假如你跳进水里去测量水波纹，水波纹的数量会因为你的参与而改变。这就是反身性。你的预测与你直接相关，并且会反过来验证你的预测：看吧，股市又跌了；看吧，水波纹果然很多。

同样地，假如要预测你的未来，作为参与者，你所相信的，你想要实现的，在很大程度上会自我实现。假如你认为自己烂泥一摊，再努力也没用，你就会选择不努力，放弃追求，进而真的成为自己预言的那种人："看吧，我果然不行。"假如你相信自己可以通过努力获得所有优秀的品质，假如你相信天道酬勤，假如你相信自己可以成长为优秀的人，那么你的生活态度就会变得更积极，你的收获就会因为你的积极而变得更丰盛，进而真的实现自我预言："看吧，我果然行。"

很明显，未来会怎样，除了环境施加的影响，在很大程度上取决于你这个参与者具体要怎么行动。

本书 24 个样本的故事，就是作为"参考"，供你学习。我们希望你可以从别人的行动中有所收获。哪怕一点点道理、一两句话对你有启发，也是这本书的巨大成功。我们希望你相信：既然别人能找到自己热爱的事业、能做成一件事，那你也可以，你要坚信自己的预言能够实现。

热爱从何而来

松浦弥太郎说：**重要的是要能找到值得自己赌上人生的工作。**

毕竟，人一辈子要工作 6 万小时，与其熬上 360 万分钟，不如找到自己热爱的事业。假如可以，谁不愿狠狠爱它几分呢？假如可以，谁不愿找到喜欢的事，并把它当作事业呢？可是，如何找到自己热爱的事业呢？热爱又从何而来？

我们认为，热爱首先源于"有意义"。

做有意义的工作，而不是被迫谋生。

事实上，要持续热爱，仅仅有意义是不够的。

"如果你发现自己只是在拼命工作，却没有办法投入热情，就应该注意一下自己的健康状况了。当然，如果你做的工作是你喜欢的，能让你获得认同感和满足感，那么你就是一个很投入的工作狂，工作不会影响你的健康，反而会给你提供不断前进的动力。"热爱是做一件事的动力，因为热爱，所以愿意付出更多。做喜欢的事，再累也很满足。

热爱是一个正反馈系统。

假如你做的事情在你心中有了意义感，你就会投入更多的精力。因为你的付出，你大概率会做得更好，进而获得认同感和满足感，于是你就会告诉自己"我很喜欢这个工作"，进而投入更多……

你获得了认同感和满足感，加上你投入的巨大心力、巨量成本，你会更加热爱这个工作，进而强化意义感。我们套用**福格行为模型公式**：B=M·A·P（行为 = 动机 × 能力 × 提示）。想让行为发生，首先要有动机，也就是我们说的"有意义"；想让行为持续下去，你必须有能力，也就是这件事对你来说没那么难，至少你有能力完成，完成之后也就有了满足感和成就感；提示就是行为的触发因素，我们希望这篇文章或这本书可以成为提示；最后，你要多尝试，试得多了，你总会找到自己热爱的事业。

未来是可预测的吗？

它首先源于你的选择：多看看，选择你所相信的，迈步走向你所相信的未来。

目录
Contents

第 3 部分

最笨拙的努力，慢一点更快 / 127

III

第 4 部分

左手事业，右手人生 / 187

第①部分
不想上班，只想工作

在这样的时代，有各种各样的媒体渠道，几乎不会让任何一种才华被埋没。人们可以分享一切，也可以展示一切。

01

● 自媒体创业者崔璀

创业就是一次次把自己推翻在地

当人生只剩下"向前走"这一个选项时，反而会因此收获"前后左右"的可能性。

出发，是从一次摔倒开始的

2017 年第一次创业，我是从女性成长的角度切入的。

起因是我个人的经历——2014 年，因为生孩子，我"搞丢"了 CEO 职位。

生孩子那年，我 29 岁，在那之前，我供职于一家公司 8 年之久，公司每两三年开辟一个新业务，我会被派去开拓新的市场。发现怀孕时，我刚刚被任命为一家新的在线教育机构的 CEO，一向不负使命的我，在孕期仍"健步如飞"。怀孕 5 个月时，因为要赶去上海向董事会路演，我抱着肚子，在高铁站一路狂奔；怀孕 8 个月时，我在论坛讲课，一站就是一天，耻骨开始痛，睡觉不敢翻身，一直痛到生完孩子。这还不算什么，我认识的绝大多数女性，都有过比这还勇敢的经历。

可这段故事真正的高潮是，我因为生孩子，"搞丢"了 CEO 职位。

在离预产期只有一周时，我安排好接下来一个季度的工作，跟团队打了包票："下个季度稳扎稳打，优化产品，积蓄能量，等我回来，打个胜仗！"

说完，我便挥挥手去待产了。

但令我没想到的是，这产假一休就是半年。当然，可不是因为我乐不思蜀。

我得了产后抑郁。

在很长一段时间内，我都以为是婴儿半夜哭闹破坏了我的睡眠节律，后来我才意识到，在怀孕期间，由于新业务挑战大，我总在凌晨三四点忽然醒来，给同事发邮件或者规划战略路线。

在怀孕加新业务拓展的一整年里，我上要面对董事会的质询，下要回应团队成员不理解的声音，虽然我几乎用尽全力去解决各种问题，但事实上，我并没有完成一个 CEO 的合格工作：我一门心思冲业务，却没有建立一套稳定的团队合作机制，没有培养组织能力。一切以我为核心在运转——这听上去充满英雄主义，对组织来说却是最可怕的。以至于在我停工的半年内，董事会提出新的业务方向时，整个团队反弹很大，业务受到了巨大冲击。后来，这家公司以清算告终。

可以说，我跟我的组织同时崩坏了。

即便时隔多年，回想那段时光，我的心仍然会揪起来。那段时光久得仿佛是上个世纪的事儿了，但我永远不会忘记自己那时的狼狈不堪，像头困兽在烟雾缭绕的房间里反复冲撞、挣扎。我看不清到底发生了什么，也看不到出口。我失眠、敏感，一碰就炸毛，觉得自己糟糕极了。周围的人认为我是不适应妈妈这个新身份（当然有这个原因），但夜深人静，睡不着的时候，我会慢慢想起工作时的种种困难，也是在那段时间，我才意识到，每一个我曾经认为过不去的坎，其实都有更好的应对办法，它们本可以成为自我修炼的机会，却因为我当下的认知局限和即时反应，变成了让我想要逃避的灾难。

从下意识地抗拒、认为都是"对方的错"，到"没办法，这是我的职责"，继而咬牙切齿地坚持，这个过程，实际上是在内耗。

我时常会想，其实我已经算是职场中发展顺利的女性了，也取得过一些成绩，但在遇到新挑战时，仍然会手忙脚乱。

那其他的职场女性呢？她们遇到了什么挑战？有办法应对吗？有人诉说吗？她们知道自己其实可以有更好的解决方案而不是闷头焦虑、伤神伤身吗？

我想帮助她们。

在那个时候，一颗种子种在了我的心里。

创业，为女性成长赋能

于是，2017 年，我告别了合作 10 年的老板和团队，创立了 Momself——一个为女性发展提供成长解决方案的平台。

平台初创期，我们做了 40 多门在线课程，写了近千篇文章，反复传递这样的价值理念：

你可以做自己生活的主人，你比自己想得更有办法。

我们做的在线课程中有一门经典课程"人人都需要的管理术"，课程打磨了 22 个管理术，包括情绪管理、时间管理、向上管理、行动管理、合作管理等，涉及女性在职场和生活中的各种难题。每一个问题，我都跟有管理实战经验的管理顾问、有深厚心理学背景的心理学家、有丰富视频制作经验的编导，从理论到案例，再到展现，一遍遍打磨。视频课的内容，我几乎会写 10 稿以上。到现在，我还留着这些初稿，因为其中每一个字都体现了我们的初心。

我还记得，那个时候既要赶节奏又想保证质量，我们的内容负责人常常带团队改稿改到早上六七点，我 8 点进棚录课。那时候，我们还没有做短视频的成熟经验，从来没用过提词器。大几千字的稿子，我都是现场临时背，然后讲出来。有时候，我前一天改稿改到半夜，在现场时昏头昏脑，但也必须在最短的时间内记住稿子，然后流利地表达出来。若不这样做，导演、摄像都要等着，场地费也要一直付着。

如果现在让我做这些，我不一定做得到，但当时，这一切都发生了，在那1年多的时间里，我们没有一次断档。

我想，这就是所谓的潜力吧。太想做好一件事，人会因此释放超乎预期的潜力。

我常常鼓励别人：要找到自己内心真正热爱的事情。因为爱是所有情感中最有力量的。因为爱，你才会几次三番突破自己；因为爱，你才会不以"成功"为目的，更不会轻易被"失败"击垮。

我喜欢思考和分享，喜欢帮助别人实现成长。从小到大，不管看书还是看电影，每每看到一个人经历各种困难，最终实现了突破，我总会热泪盈眶。我走上"个人成长和职业教育"这条路，恐怕早有预兆。

5年的时间，30多万人学过这套课程，它切切实实帮助了一些人。

我有个学员，现在是一个年收入超过3000万元的工厂老板。就在3年前，她还是一名家庭主妇。有一天，丈夫回来告诉她："咱们家要破产了。"她把自己关在房间里一周，想起了"人人都需要的管理术"里的一句话："失控的人生需要管理。"左右思量，她做出决定：不关掉公司。

她亲自上手，调整公司的经营方向，说服债主延长账期，请之前关系不合的婆婆来帮忙照顾孩子，自己参与公司管理。她用了课程里介绍的说服管理、借力管理、行动管理。我一次次惊讶于她学以致用的能力。从那时开始，每逢过节，我都会收到她的好消息："公司扭亏为盈了""全款买车了"。最近一次联系，是她想去商学院学习，请我们帮忙推荐。

她告诉我，这才是自己真正想要的人生。

她和跟她一样的很多学员，实现了我们最初做这套课程的心愿：

做自己人生的 CEO，让一个人活成一支队伍。

那段经历，算是给创业开了个不错的头。很快，我们就成为业界有名的课程策划制作团队。很多平台表示，如果一位讲师直接找他们合作，他们不一定接受，但如果这位讲师的课经过 Momself 团队的策划打磨，他们就愿意合作。这算是业界非常高的评价了。

但随之而来的，是我的第一次自我推翻。

纯粹的女性叙事，真的是帮助女性成长的最好方式吗

在与成千上万名女性用户交流时，我逐渐产生一种疑惑：女性视角的叙事逻辑，真的是帮助我们成长的最好方式吗？

我记得有一个用户课上到一半，就退出了训练营，原因是丈夫抗议，觉得她只顾看手机，不好好照顾孩子。更让我难过的是，她虽然不舍得，但也默默认同了这个结论——丈夫比自己忙，又是贡献主要家庭收入的一方，自己应该多照顾孩子。

那是我第一次感受到"女性视角"本身对个体的束缚。

不谈论性别，只讨论观点。

我想起自己的一个前辈，她是一名非常资深的媒体人，后来转型做广告。一次，她跟品牌客户起了争执，两个人都有点儿情绪上头，对方忽然说："你找你们老板来。我不跟你这种叽叽歪歪的女人说。"前辈马上还击："刚才的争执我们双方都有情绪，这跟性别无关，同时，我代表的就是公司的利益，谁来都一样。我在跟你谈事情，请不要跟我谈性别。"

职场女性或多或少都遇到过要严肃认真地跟对方强调**"不谈论性别，只讨论观点"**的情况。这种强调本身就让人沮丧。但至少，我们还站在职场中，还可以挑战这种不合理的观念，可我的很多学员选择了妥协。比如，面对事业和家庭的冲突，她们会放弃自己的事业发展，认为"也没办法，真要有一个人为家庭付出，那只能是我"；面对新的

挑战和机会，她们的第一个念头是"我可能还没准备好。你看那个男生，特别自信"；面对困难，她们的第一个念头是"我的确容易情绪化，女生就是会有天然的局限性"。

我们一次次表达，写了很多文章，做了很多课程，我却因此感受到更强烈的无力感。

于是，第一次自我推翻发生了——我开始进行去性别化表达。

在我的叙事主体中，女性不再是主角，主角变成个体，无论男女。女性特殊的身份困境（比如生育带来的困难）会占据一定比例，但不是主要话题。

去性别化表达不是忽视性别带来的现实困扰，而是帮助一个人更有力量。我记得在一项研究中，斯坦福大学和哥伦比亚大学的学者发现，相比主张关注女性特质（"性别敏感"）的女性，主张关注男性和女性的相似点（"性别中立"）的女性，权力感和自信心更强。研究者的结论是：淡化性别，女性更受益。

我们仍然能共情女性的生存困境，但是我们不应仅仅停留在共情上，还应该往前走一步。的确，这很难。那么我们可以做些什么？

赫尔曼·黑塞说："有些人认为坚持会让我们变得更强大，但有时候，放下才是。"

带着过往的某些沉淀，我们重新出发。

在这个思路下，我们提出了"优势教育"的核心理念。

我们相信，每个个体都有自己独特的优势，它与家境、起点、财富、地位无关，每个人都有，只是在世俗观念中，大家习惯了看成绩、看排名、看标准，忽略了个体身上的独特优势。

我们太习惯于盯住自己的短板，却忽略了一个事实：只有优势才会让我们成功。

管理大师德鲁克说过，大多数极具竞争力的公司就像极具竞争力的国家一样，集中它们的优势，抛弃它们的弱势。

放到个体身上，这个道理同样适用。

我非常喜欢一本书，叫作《当下的力量》。

这本书开篇的故事寓意深刻。

　　曾经，有个乞丐在路边坐了 30 多年。一天，一位陌生人经过。这个乞丐机械地举起他的旧棒球帽，喃喃地说："给点儿吧。"陌生人说："我没有什么东西可以给你。"然后他问："你坐着的是什么？"乞丐回答说："什么都没有，只是一个旧箱子而已，自从我有记忆以来，我就一直坐在它上面。"陌生人问："你曾经打开过箱子吗？""没有。"乞丐说，"有什么用？里面什么都没有。"陌生人坚持："打开箱子看一看。"乞丐这才试着打开箱子。这时令人意想不到的事情发生了，乞丐充满了惊奇与狂喜：箱子里装满了金子。[①]

　　我很喜欢这个故事，这些年讲了一遍又一遍。

　　乞丐在自己的宝箱里发现了宝藏，你也许会觉得这是一个关于幸运的故事，但其实不是，它在告诉我们，当我们四处寻找成就、安全感时，却忽略了自己已经拥有了想要的东西。

　　你不需要到别处寻找真理，那些真理就在你身上。

　　优势教育，就是在帮每一个个体找到自己身上的真理。

　　在这个理念的驱动下，我们完成了从优势测评到定制化训练营的升级。之所以这么做，是因为市面上多数课程，包括我们曾经的课程，是面向大众的课程，每个人的优势不同，定制化才是更好的思路。

　　优势发展训练营、优势管理进阶营帮助每一个个体，从发现自己的优势到相信自己有优势，再到发挥好自己的优势。这个过程，我们走了 2 年。

---

① 埃克哈特·托利. 当下的力量（白金版）[M]. 曹植，译. 北京：中信出版社，2016.

只讲知识，真的能让一个人改变吗

第二次自我推翻源于外界环境的变化。

2020 年，随着新冠肺炎疫情的暴发，我明显感受到了学员们的焦虑情绪。

来上优势课的学员会在直播间提各种问题，一半跟"定位"有关：我的优势适合做什么工作？我的优势怎么帮助我业绩更好、实现升职加薪？所有个体的需求都能反映社会背景：环境充满不确定性，个体的职业发展、经济状况受到了冲击。

根据脉脉人才智库的研究，2022 年，求职人数的增长率远高于岗位需求增长率。BOSS 直聘的数据则显示，2022 年春季后平台日活跃用户数量（Daily Active User, DAU）取得了历史最好成绩。但招聘软件的美好时代未必是求职者的美好时代。

同时，新兴行业发展势头迅猛，但由于存在认知差，劳资双方无法匹配。学员们一次次在直播间问我"这个优势适合什么工作"时，我知道他们底层的需求是在不确定的外在环境中找到自己擅长又能有所发展的工作。他们需要一个"确定的好消息"。

我一遍遍问自己，如果我们的初心是为用户在个体发展方面提供解决方案，那么我们现在的课程，真的解决他们的问题了吗?

答案是，没有完全解决，只解决了一部分。

我想起有女性学员因为得不到丈夫的支持，连上课的学费都没有——在很多家庭里，经济收入决定家庭地位。虽然我并不认同，但这就是很多人面临的现实问题。如果想改变家庭地位，要先从女性的工作价值入手。经济基础决定上层建筑，我们提供知识，并不能触及本质问题。

经过无数个失眠的夜晚，我逼迫自己正视这个问题:崔璀，你提供的产品，并没有完全解决用户的问题。

很多次，我都想回避这个问题，我找了很多理由，比如，现在的产品已经有不错的口碑了，数据表现在业内也是非常优秀的;有不少学员得到了改变，他们对产品的评价也很高。

但我仍然辗转反侧。我在乎的不是别人的声音，而是过不过得了自己内心那一关。

这是最折磨人，也是最有价值的地方。

创业这些年，很多人问过我:"有想放弃的时候吗?累的时候是怎么坚持下来的?"当然有，想放弃是常态，坚持是意外。

但创业就是一段意外的人生经历。我常常在非常沮丧的时候，眼泪还没擦干，忽然想到新的解题思路，就会兴奋地找大家一起讨论如何验证，仿佛从来没有失败过，仿佛一切都是新的。

我渐渐理解，如果心里有真正向往的地方，人是很难被打倒的，因为人心是最强大的。这也是为什么我一直致力于帮助每个个体寻找内心的向往。我相信"改变"的价值，我相信每个人都值得也都应该拥有自己满意的一生。

我渐渐懂了什么叫"只有偏执狂才能生存"[①]。偏执狂首先面向自己，推翻自己几次。

这个过程，谁经历过谁懂。

这些年，每一次推翻重来，都不像这短短几行字这样轻松。从改变自己到改变团队，我遭遇了无数反对。

我也曾对着天花板问自己："图什么？"然后摸摸鼻子，继续发起一次又一次的沟通，达成一次又一次的共识。这个过程，让我更加理解做成一件事的难度和价值。

永远不要期待所有人都理解和支持你，误解本是常态，理解才是稀缺。在这个过程中，你刚好可以审视自己的内心，看你是否足够坚定。如果坚定，你会继续往前走，这样，你就拥有了逆风而行的力量。

在跟核心团队反复讨论了半年之后，我们确定了新的战略方向：定位求职服务。

44天，我们帮助50%的用户实现了跨行跨岗，获得了心仪的工作机会。

我们的团队中有负责指导学员行动的教练和老师，有研究个体优势的优势研究员，也有研究行业发展和职业选择的教研成员，本书涉及的多数职业，也在我们的研究范围之中。

在我们的辅导下，学员收获的绝对不仅仅是一个工作机会，他们还收获了对自己的重新确认，收获了策略、方向和难能可贵的信心。

她们开始相信，在这个世界上，能发挥自己的优势、与自己志向匹配的工作是存在的，它值得自己花时间追寻，假以时日，必会丰收。

信心，比黄金贵百倍啊。

———————————————

① 引自英特尔创始人安迪·格鲁夫的著作《只有偏执狂才能生存》。——编者注

人生的北极星

常常有人问我，创业意味着什么？

很多人认为创业意味着追求自由，比如财富自由，比如打卡自由。在这些年里，我觉得创业是一种修炼，它让一个人无限逼近真相，认清自己的局限和优势，并且学会接受它们，因为只有你接受了它们，你才能整理衣衫，去想解决方案。

逃无可逃，唯有面对。

每一次推翻自己，我都完整地经历了一次蜕变。疼痛、沮丧、接受，一边害怕，一边一刻不停地向前走。

如果你问，到底是什么驱动我做这些？我想起5年前，有一次我开车回家，黄昏中，听到广播里主持人问嘉宾："如果明天你死了，你希望墓志铭上写的是什么？"

那段时间，我刚好处于迷茫的状态中，这个问题像一记重拳打在了我身上。我问自己："崔璀，如果明天是你的追悼会，你希望你爱的人、爱你的人，如何形容你？是一个称职的好妈妈？是一个敬业的职业经理人？还是……"

最后，一句话蹦到了我的脑海里：一个为个体成长奋斗终身的人。

那一刻，在黄昏下，我看到了自己人生的北极星。

祝福你——正在看这篇文章的每个朋友，能找到人生的北极星。如果有缘，你也许可以通过我们的服务，触摸那颗夜空中最亮的星。

★ 崔璀

职业教育创业者，个人管理实战专家，优势星球发起人，女性成长平台
Momself 创始人。

全网粉丝超过 800 万，主讲的系列课程"人人都需要的管理术"累计售出 30 万份。
6 年的时间从刚毕业的大学生晋升为公司 CEO。著有《职场晋升 101》《做自己
人生的 CEO：人人都需要的管理术》《深度影响》等畅销书。

02

● 宝石猎人王霏

宝石猎人的真实生活到底是什么样子的

─────────

寻宝路上总是充满刺激、惊险、兴奋、懊恼……当惊险刺激成为日常功课时，每一天都像在开盲盒。

接到写作邀约时，我正在新疆维吾尔自治区巴音郭楞蒙古自治州且末县吐拉牧场的羊圈里，收一批一百多公斤的和田玉原石。

有"小红薯"[①]问我："你们收料切料，是不是真的一刀穷一刀富？""你们是不是真的有传说中的'黄金瞳'？""你们在新疆捡宝石是不是真的就跟采蘑菇一样？"

一个你从未了解的宝石乐园

我是土生土长的新疆人，脚下的这片土地至少有 7 条宝石成矿带，自古以来，它就是宝藏之地。

或许，我与宝石结缘也是冥冥中注定的。

───────────────

① 小红书 App 的用户被称作"小红薯"。——编者注

小时候，跟着父母路过茫茫戈壁，我总能在满地的石头堆里一眼分辨出普通的石英岩和值钱的玉石。

长大后，我也会带着女儿一起在戈壁滩上捡石头。她现在8岁了，对新疆所产的宝石品种如数家珍……

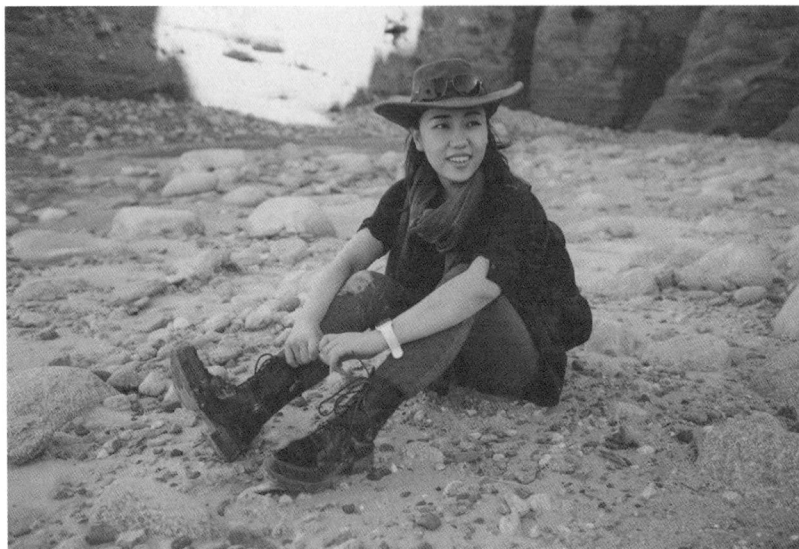

抬头望去，和城市的高楼林立不同，大漠戈壁辽阔无际，天空特别蓝。那种蓝，直抵灵魂深处。夜晚来临，没有灯光，星空的银河格外璀璨明亮。

戈壁滩一望无垠，它往往会把最美好的财富藏在最深的地方。到底能捡到什么样的石头？这是大自然给我们设的"赌局"。

好的石头，一定不会在人人都能看到的地方。想要找到它们，有时需要翻山越岭，走没有人走过的路，一找就是一整天。一套冲锋衣就可以应付风霜雨雪及早晚温差，馕饼加咸菜就是大漠戈壁上最美味的餐食，柴火堆和帐篷就可以组合成最温暖的土炕，一辆皮卡车就是荒野生存最坚实的底气。

没错，直到现在，2022 年，在新疆捡宝石就像捡蘑菇一样。

戈壁滩上的每一块石头，都曾棱角锐利，满是锋芒，现在它们各有各的姿态：风凌石奇峻，金丝玉莹润，玛瑙冰透，硅化木古雅，泥石朴拙……它们在戈壁上互相为伴，用自己的方式记录了这片土地环境变迁的历史。

除了这些最常捡到的石头，新疆还有很多举世闻名的贵重宝石：和田玉、碧玺、海蓝宝、祖母绿……甚至还有牧羊人在山上放羊时一脚踢出的狗头金！

那些拍卖会上价值百万的奇珍异宝，在新疆，或许你真的有机会亲手捡到！

在可可托海的矿区，我发现了比大海还要纯粹的海蓝宝石；在塔什库尔干的白沙湖畔，我发现了石榴石矿；在玉龙喀什河，我找到了梦寐以求的天地红皮子料[1]；在且末海拔4000米的矿山，我找到了糖红肉白的和田玉山料[2]……

2020 年 9 月 30 日，一个普通的下午，我抱着分享的心态，将捡石头的视频发到了网上，万万没想到，播放量很快突破了两千万。一年多的时间，我收获了 120 多万粉丝，发布的视频全网播放量达 2 亿多，来自天南地北的朋友发送的 20 多万条私信淹没了我的信箱。

很多朋友找我鉴宝，想来新疆寻宝[3]，很多品牌和机构发出了合作邀约，也有很多新疆本地的朋友给我提供了更多的寻宝信息。

丰富的信息让我有机会进行更加深入的探寻，我才发现老天赐予这片土地的珍宝比我想象的更多！

当你发现两块相隔一米的国画泥石却能拼得严丝合缝时，你会为它们的失散和重逢喜极而泣；当你发现戈壁滩上的鹿石被神秘地码得

---

[1] 也称"籽料""仔料""子玉"，是对和田玉卵石玉料的称呼。——编者注

[2] 没有风化面表皮的或风化层很薄的玉石荒料，多为从矿山露头或掌子面上开采的原生矿石。——编者注

[3] 搜寻矿石需具备一定的专业知识和经验，请勿冲动尝试。——编者注

整整齐齐，像是有人刻意摆出的密码一样时，你会瞬间毛骨悚然；当你看见一大片平地上只有数块大石头突兀地垒着，四处却连杂草都没长几根时，你不禁会怀疑，自己是不是误入了什么失落的禁区？

每一次寻宝，我都会把高光时刻剪成视频。要知道，一分钟的视频，浓缩的是每一次踏破铁鞋后，绝处逢生间，那几秒的精彩记录啊！

我一直觉得，一个永远在都市，不曾置身荒野的人，是很难真正感知大自然的力量的。生活在旷野，沙漠的广阔入心，高山的巍峨入骨，人便不由自主地生出对自然的敬畏以及探索未知世界的勇气。

欢迎大家来新疆，我愿带大家一同戈壁寻宝。捡到心仪石头的喜悦感，真的是千金不换！在这里，也许你会发现一片不曾在书本和电视上看过的土地，一个神奇的乐园。

千人往，十人返：历险爬上昆仑山 4500 米玉矿源头

那么多宝藏中，我最爱的就是和田玉。它生于天地，藏于山巅，至少有 8000 余年的历史；它温润内敛，坚韧洁白，象征了传统文化中的中庸之道。

说起和田玉，不得不提昆仑山。全世界最好的玉石矿脉就深埋于此。

走到矿山脚下，我不止一次听本地人提过：这里有大蛇守护着矿山里的宝藏，误入的牧羊人再也不曾出现。

可要想找到上好的和田玉料子，我得爬上海拔 4500 米的矿山……

因为路途遥远，每一次，我们都要备足干粮，天擦亮就出发。驶过几百公里的戈壁滩后，我们才能逐渐看见行行重山的模样。在这段几乎看不到其他人、没有信号的路途中，寻宝人要具备一些生存技能：会计算水、油的存量，计算来回的路程，看天气变化，和天黑的速度赛跑，手机有信号时赶紧下车捡石头做标记。

上矿山时，我们会沿路放一些馕饼和果蔬。千万不要小瞧这些食物！用不上最好，可一旦出现意外，这些就是关键时刻保命的食物！

你能想象吗？进入昆仑山脉后，视野内，天连着山，山连着山，而矿山上本没有路，人们一段一段地开山炸石，炸一段行一段，横扫碎石后才能继续前进。这样的路，注定是异常狭窄的羊肠小路，仅供车的四个轮子通过。在这样的路况下行车，需要司机驾驶技术和心理素质过硬。坐在车上的我们，都不敢大声呼吸，只敢轻轻侧目，透过车窗看见车轮就压在悬崖边。

到达海拔 4500 米处，只有稀薄的氧气，方圆几百公里，除了挖矿工人，没有人会涉足这里。放眼望去，外面市场上五花八门的玉料，就在地上四散着。

真正来到昆仑山，尝试过在高海拔地带快要喘不过气的滋味，每经历一次，就会多爱这个世界一分，对生命多一分敬畏。

切料是否真有"黄金瞳"

对于赌石①，我见过新手顺手瞎摸，以小博大，用30万元的料子切出价值百万元的货；也见过老手豪掷百万，一刀切开，倾家荡产，再多的侥幸、期待都如泡沫般消散。

就像我文章开头提到的那批和田玉原石，你是不是也很想知道，切得怎么样了？

那是一批和田玉糖白料子，行业内出了名的"鬼料"！

神仙难断寸玉，何况凡人。尤其面对的是拥有"七十二变"的"鬼料"，行内人宁可高价买明料，都不指望用相对低的价格去博那一线生机。

刚入行的时候，我就买了一块这种料子，开窗看糖红肉白，看着怎么也能大涨，谁想一刀切开，血本无归，瞬间没了一套房……

但我偏偏不信邪！可现实给我狠狠地上了一课。

切的一块料子，13斤，一刀下去，全是白肉！玉料价值至少翻番！

我信心大涨，继续切，结果另一块4斤多的料子只出了一个18克的小片片，这一趟等于白干！

切料就像坐过山车，剧本都无法写得这么戏剧性。切料完全没有回头路，管你是赚是赔，得照单全收！

现实哪有"黄金瞳"啊！

赌石，一赌经验，二赌心态，三赌气运。不到最后一刀，谁也不敢断言。

---

① 玉石采出时由一层风化皮包裹，无法知道其内里好坏，须切割后才知品质。赌石就是因此衍生出的玉石原石交易方式。赌石有风险，参与需谨慎。——编者注

直击行业内幕：开创和田玉行业直播开料先河

说起和田玉，你是不是经常听这样的故事。

"5万元买的玉，结果就值几千元！？"

"信誓旦旦说是子料，回去找人鉴定居然是山料！"

"有一些，压根就不是和田玉！"

……

不可否认，这些鱼目混珠的现象，过去在和田玉交易行业确实存在。但在我们新疆——和田玉的故乡，大部分从业者是勤劳、朴实、真诚和善良的。

他们带着干粮上山去，下河里，在戈壁上挖玉，一挖一个月，也未必能挖到像样的料子。而通过努力挖到的料子，拿到巴扎①上，换来的只是孩子的学费、日常的开支……

这两年，受新冠肺炎疫情的影响，去和田、若羌等地和田玉市场的人寥寥无几，市场几近萧条，他们几乎没有其他途径出售自己的玉。

职业原因，我频繁去这些地方，和当地的很多从业者成了老朋友。于是，他们经常带着料子，跑几百甚至上千公里找到我。看着他们掏心掏肺，把家里最好的料子拿出来的时候，复杂情绪难以言表……

源头如此清晰、淳朴、诚信的玉石，为何进入市场后却拥有截然不同的风评？

互联网时代，信息公开透明，那么有没有什么办法，能让大家清清楚楚地了解每一件和田玉是怎么做出来的？其中又有怎样惊心动魄的故事？又会有怎样的让业内人士惊呼的意外之喜？

并且，我也希望让大家多看看，天然的和田玉是什么样子的。市面上造假方法层出不穷、技术高超，看多了真正的、天然的，才会对非天然的、加工过的更加有判断力。

---

① 集市、农贸市场。——编者注

于是在 2016 年，我开始将和田玉切料定制的全过程展现在大家面前。

哪里能收到好料子？如何评估一块原石的价值？怎么规划切料能达到最大利用率？如何将切出来的片料雕刻成最合适的样子？我通过图文视频记录、社群分享、现场直播等多种方式，尽可能地让大家随时随地看到真实的过程，甚至连收料的成本，我也如实地公布给大家！

我去往全国各地有好料子的地方，亲自收料、开料、做料，经手至少上百吨料子，切下的边角碎料，我们贴筑了玉楼、玉墙、玉门、玉泉、玉桌、玉凳、玉石小径……

有些人一辈子也不会亲手切料，若是能通过"宝石猎人"的视频，感受不曾体验的探险经历，涉足不曾了解的新鲜领域，也不失为一件有意义的事。

路还长，先别慌

很多看过我视频的朋友问我："当'宝石猎人'是不是很爽啊？感觉天天不用上班，到处旅游还能捡宝石挣钱！可零基础的普通人怎么成为'猎宝大神'啊？"

我将一些经验录成视频，发布在小红书上，播放量达到 20 多万，点赞量也有近 3 万。简单来说，关键有两点。

第一，宝石知识，是一切寻宝活动的前提。

很多人看了我的视频，想跟着我去捡石头，这当然没问题。但在捡石头之前，你必须先搞清楚哪些是宝石，哪些是普通的石英岩。这需要长时间的学习积累，我也不例外。

为了能近距离接触全世界高端的珠宝，2012 年，刚毕业的我放弃了年薪 10 万元的工作，进入《芭莎珠宝》实习，目的是了解前沿的珠宝知识；之后毅然回到新疆，只为了到源头产地接触各种宝石。这些年，我去中国地质大学（武汉）进修，去伦敦艺术大学进修，并考取了美国宝石学院研究宝石学家（GIA.GG）、国家（高级）和田玉鉴定评估师等，这一切努力，都是为了科学、专业地学习更多的珠宝知识。

只有像孩子一样持续学习，在自己的脑海中逐渐搭建起宝石体系，才有可能一层层挖到土壤中的宝藏。

第二，实践才出真本事。

宝石猎人，永远在路上。

为了找到上好的宝贝，我的足迹遍布世界各大宝石的故乡……

在我国新疆和田的大巴扎上，我以225万元的价格收购24.8公斤羊脂白玉子料原石，切出了30支子料手镯、150多枚子料挂件。要知道，这是行业里前所未有的！

在我国四川大凉山矿区，我找到了源头正宗的满色满肉南红玛瑙。

在斯里兰卡贝鲁沃勒①，我用200美元找到了1克拉的天然无烧蓝宝石。

在泰国尖竹汶②，我用600美元找到了2克拉的天然无烧红宝石。

从国内到国外，我瞄准珠宝源头，锁定目标，跋山涉水地追寻，披荆斩棘地开拓，狩猎璀璨的天然宝石，经常要切换几十种不同的方言，眼睛里反射着上百种宝石的光芒，而这些刺激惊险的经历，都浓缩在了我的寻宝视频中。

而我也坦然告之，在寻宝过程中，相比朝九晚五的上班生活，我的工作与生活显得并不那么"规律"。

有时一连几个月都在戈壁矿山中寻宝，凌晨两点还在收集信息，五点就出门爬山寻源，有啥吃啥，和衣就睡。有时一连几天不出门，埋头切料，切到好的欣喜若狂，切不到好的也会彻夜难眠。

如果你也想寻宝，那么我想告诉你：热爱，才是"宝石猎人"最

① 位于斯里兰卡首都科伦坡以南约50公里，是一个海滨度假区。——编者注

② 一般指庄他武里，泰国东部的一个府，曾是东南亚大型宝石集散地。——编者注

强大的内驱力！

当初那个全球寻宝的梦，迄今我已践行了十多年。我对这项事业的热爱，依然像出发时那样强烈！

也许，很多人觉得这个职业很累很苦还很危险，但我觉得这个职业让我的生命得以淋漓尽致的彰显。我爱新疆，爱宝石。每一次出行，都像按下了一次人生的刷新键，我把每一分钟都活成了自己喜欢的样子。

人有一万种活法，你想怎么活，可以自己决定。心怀无边热爱，才有来日方长。热爱一件事，把工作作为体现热爱的一种方式，你自然会不计时间，不计回报，去学习，去实践，而它回报给你的正是满满的成就感和幸福感。

我曾焦虑、迷茫、彷徨，后来发现，苦苦探寻的答案就在自己手中，在脚下。人生如玉，只有经历过山川动荡，岁月磨洗，你才能发现自己坚韧不拔，别于顽石；你才会知道温润比锋芒更有力量……路还长，先别慌。

热爱，真的会让你的每一天都闪闪发光！

★宝石猎人王霏

新疆五德玉器品牌主理人，宝石猎人家族品牌创始人。美国宝石学院研究宝石学家、国家（高级）和田玉鉴定评估师。拥有超100万粉丝的自媒体创作者。

03

● 国际名模陆仙人

穿上创意与快乐，笨拙地努力

在这样的时代，有各种各样的媒体渠道，几乎不会让任何一种才华被埋没。人们可以分享一切，也可以展示一切。

陆仙人，很多人这样称呼我，今天，我想重新向大家介绍自己。

相信绝大多数知道"陆仙人"这个名称的网友，对我的认识仅仅停留在抖音等自媒体平台的视频里。

在那些视频中，一个小眼睛但眼神坚定的男孩，赤着脚，穿着用各种废弃物改造的服装，在山野、在田间、在水泥路上走着，做着超模梦。

从那时起，大众对我的定位是一名"网红"，认为视频里的行径全然为了博人眼球，赚取流量和热度。当然，也有一小部分支持者关注我并且深入地了解我，理解我不是哗众取宠，而是在贯彻自己的创意及审美理念。他们读懂了我的追求，赋予我不一样的标签——可能是"正能量博主"，也可能是"时尚博主"……

"网红"也好，"时尚博主"也罢，这都源于我被人熟知的第一职业——短视频博主。

为什么是陆仙人

很多人曾经问我这样的问题："为什么是你？为什么在内容同质化如此严重的今天，大家依然记住了陆仙人？"

我认真思考过这个问题，最终将原因归结为"勇气＋努力＋时代机会"。在这样的时代，有各种各样的媒体渠道，几乎不会让任何一种才华被埋没。人们可以分享一切，也可以展示一切。有人说这是个表现欲过剩的时代。我很认同这句话，因为过多的关注会让人迷失本心。"陆仙人"本质上和万千职业一样，只是一份工作，我们最终能向社会输出什么养分才是价值所在。

其实早在小红书、抖音等平台创立之前，我就在其他媒体平台上发布各种各样的走秀创意视频，但那就像一粒沙子掉入湖水之中，毫无回响。哪怕在今天，我的作品依然无法在各个平台受所有人喜爱，但庆幸的是，外界的声音、评价、反馈并没有动摇我坚持下去的决心，因为我有一颗大心脏，坚信始终有人喜欢我。后来的事情，相信大家也都知道了，有越来越多的人在自媒体平台上关注我，搜索我，为我点赞，讨论我。我在国内外的媒体平台上受到了不同程度的关注，大家还给我取了一个新名字：野生超模。

坚持自己擅长的，先让自己感到愉悦

我不会过多思考怎么拍会火，怎么拍能吸引更多的观众。在内容创意方面，我应该是个没有太多天赋的人，不太懂得如何通过内容迎合别人。这和我的为人相同——比较笨拙，不懂如何取悦他人、表达情感。于是在创作视频时，我会去掉额外的、刻意的、多余的镜头，努力坚持做自己擅长的内容，先让自己感到愉悦。喜欢我的粉丝可能也会被这一点打动吧。

当我获得更多的关注后，经常会收到粉丝的关心和询问，其中不少人关心我未来的发展，也有很多人向我请教如何才能拍出好看的视频。面对这样的问题，我时常感到惭愧，因为我也并不是很懂如何做好视频，只能简单地做一些分享。

在这个短视频蓬勃发展的时代，视频制作工具都更加简化、便利，我们甚至可以通过手机完成一个视频作品。虽说工具更加得心应手，但要想把内容做好，还需要创作者多花些时间去练习，比如面对镜头的姿态，你要随时想象你在画面中的样子，这样才能更好地配合拍摄者；如果你是拍摄者，你需要掌握基本的运镜能力，知道在什么角度、光线下更能出片。当然，这本身也是一件熟能生巧的事情，多加练习是最重要的。

享受关注的人，当然也会害怕失去关注。互联网的兴起，见证了一个又一个平台的兴衰、一批又一批人从受人追捧到无人问津。也不乏有人对我的职业命运妄加推测，他们指出，像我保持这样的视频风格是走不远的，是不会长久的，因为观众很快就会觉得乏味。我不会因为这些声音而感到焦虑，有一句话叫"时尚易逝，风格永存"，未来观众会喜欢什么平台、什么形式、什么媒介确实难以预料，我唯一能做的是保持热爱并且坚持下去。哪怕有一天陆仙人不再受人关注，我也坚信自己是一颗种子，等待一次春雨，我将重新发芽生长。

多重交织的人生

近两年，我接受了许多媒体的邀约，他们大多会问我一些类似的问题：在视频中，除了走秀，变废为宝的设计也让人眼前一亮，如果让你选择，你究竟是想当模特还是想成为设计师？

走上 T 台、成为一名模特是我的梦想和追求，这样的梦，对一个普通的农村孩子来说，无疑是一件遥远的事情。模特不同于其他职业，很多硬件要求几乎无法靠后天的努力来弥补。这一职业对于形体的要求相当苛刻，特别是对 T 台模特来说，会受到比较严格的身材限制：身高、腿长、体重、头肩比等。哪怕我在人群中并不算矮，但我的身型条件并不符合男模的标准，很难作为男模走上秀场。我的骨架较小，身材和T台女模的标准相对匹配，所以这也是我会反串女模走秀的原因之一。我在练习模特步的时候也会着重研究女模的行走姿态。

认识了我的经纪人之后，得益于其在时尚领域的资源，我也正式圆了我的模特梦，开启了我的职业模特生涯。之后，我为很多服装品牌T台助力，陆续参加了各大时装周，包括北京、上海、深圳乃至欧洲的时装周，合作过的品牌不胜枚举。

目前最让我难忘的还是2020年受邀参加伦敦、米兰和巴黎时装周，这是我人生第一次出国，并且有机会与世界上最优秀的模特、时尚杂志、时尚编辑等合作，更是近距离接触了自己的超模偶像刘雯以及其他优秀的前辈和业内精英。没有对比就没有伤害，我也感受到了自己的不足，不是科班出身的我和职业模特之间还存在巨大的鸿沟，但因为有初生牛犊不怕虎的自信，我很快调整好了自己的心态。在欧洲的那一个月里，我并没有觉得自己是去工作的，而是告诉自己，这是一次学习的机会，我不能错过任何一个可以向超模们学习的机会。

再到后来，并不拘泥于呈现形式，我也开始接受一些杂志的拍摄邀约，比如*ICON*、*ELLE*、*NYLON*、《时尚先生》等，这更像是作为一名平面模特在工作。

我受邀参与拍摄的第一期杂志是《时尚先生》，这次拍摄经历也让我记忆深刻，我明白了拍摄并不是一个人的事情，而是模特和摄影师共同输出一种情绪、一个故事。为了一个画面效果，也许我们要尝试几百次、上千次，需要不停地试错、沟通、调整，最终在一组相似的镜头里找到表现力最佳的瞬间，再用肢体语言去复制这个瞬间，针对摄影师的要求做细微的调整，不断优化。我以往的拍摄经验在这时几乎毫无作用。如果要形容这样一件事的难度，可能有点像小时候跟家人学习如何将线穿过绣花针的针孔，一次、两次、三次，失之毫厘，谬以千里。

平面模特实际上是一个需要体力与脑力共同发挥作用的职业，不仅需要充沛的精力与情绪，还要善于思考如何更好地表达、展现，并不是有一张精致的面容就能解决一切问题。除此之外，从事这一职业的人还需要了解自己，明白自己的风格是怎样的，最能匹配什么样的拍摄风格。

很多人对模特这个职业有一些误解，认为模特是一份不太长久的工作。我一度也这样认为，但今天我有了不同的看法。因为当下市场的需求是非常丰富的，大家对于美的定义也变得非常多元，我们能在主流媒体上看到各种年龄、各种身形体态、各种肤色的人们，他们在海报、视频、秀场等各个地方闪闪发光。虽然他们的外形条件不同，但他们的共同点是坚持自我，坚持独特。一旦风格过于雷同，就好像俄罗斯方块一样，会整齐地消除。

新一轮的折腾

2022 年可以说是我人生的一个转折点。在一帮设计师朋友的支持下，我开始了新一轮的"折腾"——成为服装品牌 NONOMEAN 的主理人。这也许是我迄今为止做过最难的事情了。

从品牌的创立、产品的研发和生产，到最后通过直播间销售给消费者，每个环节的艰辛都可以单独抽出来写上好几页。为此，我前前后后投入了 300 多万元，几乎花光了我所有的积蓄。虽然目前并没有盈利，但得益于一群同样热爱这份事业的小伙伴支持我，现在这个品牌还顽强地活着。

很多人问我"NONOMEAN"是什么意思。我给出的解释是"没有没有意义"，也就是一切都有意义。你要鼓起勇气去做你想做的所有事情，相信它们都会为你的人生留下意义。取这个品牌名其实也是在给自己鼓劲。品牌创立初期，身边很多人都劝我："你为什么不直接去穿其他品牌的衣服，做一个带货主播，这样赚得更多，也不会有太多风险。而做自己的品牌，实在是一件过于理想化、过于冒进的事情。"然而，就像最初的我一样，下定决心去做一件事情时，似乎任何反对意见都听不进去。

最让我头疼的环节可能是产品研发。我一直觉得自己是一个不缺乏灵感和鬼点子的人，可能是完全不具备服装设计的专业知识，导致我一直没有做出让自己满意的设计。好在我的设计师团队对我非常有耐心，总能包容我的小性子，并坚持把我想要的效果变为现实。颜色、板型、面料、细节元素……这是一道非常神奇的组合题，是一个系统效果的呈现，任意一项没有达到合适的状态，都会导致服装风格的整体改变。哪怕是一颗扣子的材质变化都会带来穿着者气质的改变。如果你到我们公司参观，你会发现公司至今还保留着几杆货品，那是我在品牌成立之初设计的，市场反馈非常糟糕，没有消费者愿意买单，成了滞销的库存。因此，我也时刻警示自己，一定要在服装设计上更加严谨，不能像拍摄视频那样随性，衣服一定是穿着者本人说好才行。

就好比我们说的绿色，其实是一个非常宽泛的概念，饱和度高一点、明度亮一点，都会带来非常大的视觉变化——更青春或更沉稳，更显白或更显气质。后来，我们干脆将同一个板型的服装设计了好几种绿色，让顾客给我们做最真实的反馈。

供应链板块，还好有我的合伙人帮我打理，不然我一定会"疯"掉。作为初创品牌，我们无论订单量还是行业基础都不稳定，在供应链方面并没有优势，导致产品实物和预想的质感存在很大的偏差、产品交付时间延迟等一系列问题。任何环节出错都非常致命，一旦货品的质量不好，或者不能如期交付到顾客手上，顾客并不会因为你是陆仙人、你是新品牌就包容你，反而越新的品牌越禁不起太多的负面评价。

我们会把粉丝的反馈、顾客的声音放在第一位，比如，很多顾客反馈我们的产品价格偏高，于是我们筛选了更多供应商，想办法在保证质量的情况下把价格降下来，这一点很难。作为主理人，我也发自内心地感谢顾客的每一次购买，尽管他们现在买到的不是性价比最高的产品，但一定是我们尽全力做好的产品，他们的选择是对我们所做工作的鼓励！

服装销售直播运营，这个环节是如今竞争最为激烈的环节之一。我曾经设想，有一天"NONOMEAN"可以作为原创设计师品牌，将门店开遍全国甚至世界最好的商场，但梦想的实现需要一步步的努力，现在，我选择在抖音平台，用这个成本投入相对较少的方式，开启品牌发展的第一步。我至今仍记得第一场品牌直播，因为缺乏经验，我们的销售成绩很不理想，甚至有一些专业人士以我这场失败的首秀作为案例，阐述我究竟有多少点没有做好，以此教育从业者。当时团队内部也涌现了各种各样的声音，有的在反思，有的在埋怨，仿佛我们好几个月的筹备是毫无意义的。

说到这里，我真的要感谢我的粉丝，不少粉丝非常认真地给我发私信、留言，告诉我还有哪些地方可以改进，还有哪些方法可以更快地为直播效果纠偏扶正。我心里想："如果我就这样放弃了、认输了，那也太对不起大家的心意了。"

经过几个月的调整、试错，NONOMEAN有了一支优秀的主播团队，虽然我还有作为"博主""模特"的工作，不能每次都在直播间里与大家见面，但我依然保持着每场直播过后去翻看大家的意见和建议的习惯。

这当然不是一件简单的事情。孵化一个品牌，常常会让我产生一个错觉，仿佛是在培养另一个"陆仙人"，我不知道它会不会是幸运的，能不能在这个市场中发光发热。

在品牌竞争如此激烈、更新换代如此迅速的今天，一个品牌要想长期生存，需要有更强的创新能力、更优的品质、更高的性价比。为此，我稍有空余便去拜访一些设计师，虚心地向他们请教工作上遇到的困难，了解新的制作工艺和面料。

我一直觉得，我比很多人幸运太多了，因为不少粉丝会将对我的喜爱毫无保留地转化到我设计的衣服上。我知道对于品牌成长来说，这是一条捷径，但我也清楚，一直走捷径，一定无法锻炼出强壮坚韧的肢体，未来归根到底还是依靠产品的品质、顾客的口碑来说话。

哪怕未来有一天，"陆仙人"这个名字会被人遗忘，我也希望

NONOMEAN 能够留下来。我也期盼，有这样一群人，偶然打开衣柜，拿起印有 NONOMEAN 标志的衣服时会想起："这是陆仙人设计的衣服，他是个很酷的男生呢！我曾经被他鼓舞，我也鼓舞过他！"

你好，我是陆仙人，我是一个短视频博主、一名模特，也是一位品牌主理人，很高兴认识你。

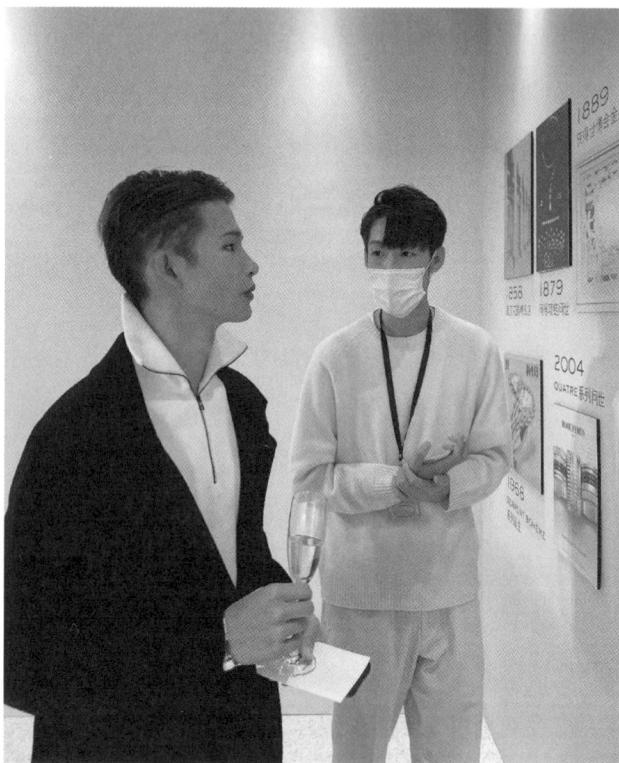

★陆仙人

原名陆开港，"不想做模特的品牌主理人不是一个好博主"。一路走来，个人经历从普通到特别，就如同视频里变废为宝的创意呈现。一个人就是一整个时尚团队，从设计到制作、走秀，再到拍摄，凝结了少年满满的热忱、受众的鼓励。不担心路途漫长，不忧虑现实束缚，希望成为心中的自己，朝着更绚丽的舞台迈进。

04

● 卡通黏土艺术家 7 号人

捏出一个黏土世界

"大羹必有淡味，至宝必有瑕秽。大简必有不好，良工必有不巧。"正是持着这样一种"我先做我的，你的评论仅限参考"的态度，我才玩起了黏土，一摊泥巴让我一捏就是 20 年。不求完美，大胆尝试，面对艰难的开局、枯燥的爬坡、质疑的成功，我们要做的就是努力做好自己能做的。

冬去春来，时光荏苒，站在 2022 年的春天，望着窗外树枝上的点点嫩芽，我仿佛看到了那个 20 多年前初玩黏土的我，稚嫩、新鲜又满怀希望。2000 年，因为一部英国阿德曼动画工作室的黏土定格动画片《小羊肖恩》，我喜欢上了黏土；没想到十多年后，我成了《小羊肖恩》中国百场巡展黏土环节的首席讲师。在我刚开始捏黏土的时候，除了几部动画片，基本没有什么参考资料。有的小伙伴可能会好奇我为什么不上网找资料学。大家有所不知，2000 年，网络、物流的不发达程度，是大家难以想象的，就是在这样一个相对"缓慢"的时代，我的黏土之路开始了。

"7号人"从网名到品牌

因为母亲的工作是绘制仿古瓷器，所以我从小便接触美术，后来又专门学习了平面设计、多媒体设计，能动手做一些设计作品，也能拍拍照片、摆弄几下电脑。这些小技能让我很快做出了几个歪七扭八但造型和颜色还算时髦的黏土作品。我将作品上传到网上，很快便收到了网站编辑的电子邮件，表示很喜欢我的作品，希望能做一个网络黏土专题，因此需要我提供一个网名。作品倒是不难做，现成的还有一些，只是这个网名难住了我。啥叫网名啊？叫啥好呢？这网名不满意以后还能改吗？当时我好像有了"包袱"，觉得这是一件大事儿——关乎我名誉的大事。眼看到了交稿日期，我的网名还没想出来。一天午后，和同学们踢完球，我正坐在台阶上休息，突然听见一个稚嫩的声音在我背后响起："7号人、7号人。"回头一看，是一个六七岁的小姑娘。原来，是我球衣背后的号码"7"让她突发灵感。就这样，"7号人"的名字就被我"笑纳"了，我希望我能像球场上的"7号"球员一样，既能调控全局、参与防守，又能攻城拔寨、进球得分，在互联网这片"球场"上，成为一位大明星！

总体上讲，我是一个不太机灵的人，有点小聪明，因为常常"聪明反被聪明误"，所以也不敢经常抖机灵，慢慢地，做事就变得比较呆板，属于一条道走到黑的那种。这种性格从事金融、商业领域的工作可能不太合适，但是如果进行黏土创作，那就能在短时间内创作出很多作品。随着我在网上展示的作品增多，一些媒体发现了我，甚至一本我喜欢的杂志也开始和我约稿连载了。那个年代，能在北京街头的书报亭买到一本刊登着"7号人粘土故事"①的杂志，那简直太有面子了。在虚荣心得到极大满足的同时，我也获得了此生从未有过的认可。我下定决心要一直捏下去，让"7号人"被更多的人认识。就这样，借助互联网和媒体

---

① 此处非误写，为作者网名。——编者注

行业的发展，"7号人"这个网名登上了众多网站及杂志，比如《中国中学生报》《淘宝天下》等，我还收到了中央电视台《智慧树》、湖南卫视《快乐大本营》、北京卫视《财富故事》等节目的邀约，在电视荧幕上展示自己的黏土手艺，和众多品牌、企业合作。以上这些成绩说起来轻松，短短几行文字，可取得这些成绩我用了10年的光阴。

随着知名度的提升、合作的增多，我逐渐认识到"7号人"品牌化的必要性。让"捏黏土的大哥"变成一个大家认可的品牌，扩展产品和经营范围，确实不是一件容易的事情。于是我在朋友的帮助下，将"7号人"注册成了商标，并且开始注册公司、搭建网站、运维论坛等。摊子越大，需要的资金、人力等资源就越多。慢慢地，我发现在各方面自己都跟不上了，尤其是各种新平台的横空出世，让我搭建的论坛、运营的微博一下失去了活力。用几年的心血建立的"繁荣都市"，几个月的时间就变成"荒凉土地"。于是我又开始学习运营公众号，创作视频内容。把自己的作品投放到大家最喜欢的平台上，便是那阵子我每天要做的事。虽然很快我做出了一些成绩，公众号订阅用户数不到一年突破了1万，视频号也收获了百万级的播放量，但商业化道路总是走得不理想，就像大家经常说的"叫好不叫座"，毕竟黏土不是生活必需品，大家更多的是用它丰富生活，装饰生活，休闲的时候玩一玩。这个时候，其实也有家人和朋友劝过我，说："黏土能玩儿的，你已经玩儿遍了，没谁能像你一样把黏土玩到这个高度，不行就换别的事情做，毕竟干这个太累了，也没有太多收益。"可是我就是不甘心，自己做了十多年的事业不想就这样放下，我能做的唯有坚持。

要判断是不是"真爱"，必须经历痛苦的考验。能轻易放弃的，绝不是重要的东西。于是我又开始向创办工作室、招生培训、生产黏土产品等方向探索，所有和黏土沾边的事情，我一样都没落下。弹指一挥间，又是10多年，"7号人"这个牌子的课程和产品也被更多的家庭认可、喜欢。2014年，我参与了英国阿德曼动画工作室《小羊肖恩》的中国巡展活动，为"肖恩"策划定制了黏土课程，并且参与了100场次的课程教授，把做黏土的快乐传递给了上千个家庭。将一个网名变成一个品牌，我和工作室的老师们经历了很多，回顾过往，我心中只有四个字："庆幸""感激"。庆幸的是我们的坚持，感激的是每个帮助过我们的人。这四个字虽不惊奇，却很实在。

一部手机开启的黏土创业之旅

很多刚入职场的年轻朋友对我和我的工作室充满好奇，不同的人总是问我相同的问题："你学这个手艺花了多少钱？筹建这个工作室花了多少钱？这个行业前景如何？一年能挣多少钱？"在这里，我梳理一下思路和大家聊一聊，其实我是从一部手机开启黏土创业之旅的。

前面和大家介绍过，我从小喜欢美术，后来又读了艺术学校，这种创作能力其实是父母的投资，暂不计入我的账面。幸运的是，当我需要真金白银开网店的时候，我赶上了一个不大不小的机会。2008 年左右，新浪网正在大力发展微博，为了逐步转变大家的网络写作习惯，新浪网推出一个新产品叫"轻博客"，还举办了一个点赞活动，鼓励大家投稿。我看到网站首页的广告后，又着重看了看奖品栏，第一名奖励的是一部热门国产手机，这在当时算是挺大的一个奖了。虽然没有把握得奖，但我还是尽了最大的努力参加了这次活动，每天按时更新轻博客内容，与网友互动。经过近 1 个月的创作，公布结果时，我非常幸运地以微弱的优势，在来自全国各地的创作者中获得了点赞量第一名的好成绩，当然，那部手机也就归我了。

我将那部手机转手卖了 2000 元，交了网店的保证金，又进了一些黏土和工具，从此开始了黏土产品小生意。在慢慢地积攒了一点资金后，我又开始联系韩国、日本、德国的朋友，让他们帮我收揽国外优质的黏土，我将其销售给"土友"。虽然这些产品的销售单价很高，但是代购费、物流费、损耗却让我的利润很低。随着国产黏土产品逐渐兴起，网店的销售更是每况愈下、入不敷出。即使这样，我也没有降低对质量的要求，而是半关了网店，开始转做论坛、微博、微信公众号等。这样做等于换了个思路和赛道——既然生产和销售黏土产品比不上那些企业，那就走内容输出的道路，毕竟自己是依靠手艺和创意起家的。我和妻子还主动联系出版社，推荐自己的黏土教程，并很快出版了一本黏土教程——《7号人轻松粘土手工课》。这本书我们做得特别用心，捏塑、照相、排版都是我和妻子一同完成的。当时市场上其他手工书造型老旧、排版死板，这本书让不少手工爱好者眼前一亮，于是很快登上了某著名图书销售电商网站手工类图书新书榜。有了第一本书的成功，后面来自出版社的邀约便没有停止。在接下来的几年里，我相继出版了16本热门黏土图书，在黏土爱好者中可以说小有名气了，很多人的黏土入门书都选择"7号人"系列图书。同时，北京、上海、广州、南京等城市的巡回签售活动也让我拥有了不少粉丝。很多人觉得我一定赚到了不少钱，但并不像大家想象的那样，这些收益刚够我租个房子，创办个工作室。

工作室最初选在我家附近的一所学校里，那里正好有一间30平方米的教室出租。在预付了几个月的房租后，我和妻子发现手头的钱不多了，于是我俩自己买来油漆和工具，用报纸折成帽子，自己刷墙面和屋顶。一番奋战之后，房间虽然明亮了起来，但我俩的头、脸、上衣、裤子上都沾满了涂料，算一算，这套衣服也损失了不少钱，不过当时的成就感真是满满登登。为了省钱，我们网购的木地板都是我一个人背上六楼的，1600多斤的材料，就那样一次一次、一个台阶一个台阶地背了上去。累得上气不接下气的时候，妻子给我买了一瓶1.5升的饮料，我豪气万丈地一饮而尽，没觉得干活有多苦、有多累，心里、嘴里都挺甜。这应该就是奋斗中的人，心怀远大目标，不介意辛劳。

7号人工作室的创办让我的事业又上了一个台阶，我们开始全国招生、做培训，也开始招收徒弟，集中创作作品。因为我是学多媒体出身，所以勉强可以上手做一些视频拍摄和后期剪辑工作，于是我又录制了一些黏土视频教程，免费发布到视频网站上。由于我们的视频教程内容简单易学，制作也比较精良，很快就得到了网站推荐，获得了很多曝光的机会，不到一年的时间，视频合集的播放量就超过了百万次。也就在这个时候，我们工作室迎来一次机遇，视频课程被人买下，我们赚到了第一笔钱。

有了资金的我们"飘"了，干了一件很多实力雄厚的机构都不敢做的事。当时是 2018 年左右，《小猪佩奇》正在中国火热上映，我和徒弟们有了一个大胆的想法：用黏土为中国的小朋友创作一套黏土动画剧集。秉持着我这十几年来的作风，说做就做。当然，我们也知道制作定格动画不是一件简单的事情，必须毕其功于一役。就这样，工作室停止了一切培训工作、配合出版社的营销工作、自媒体运营工作，开始调转方向创作黏土动画，这一做就是 3 年多。上百个原创造型，十几万张原始图片，几千件捏塑作品，52 集动画片终于完成了，之前积攒的资金就这样用完了，而且是在很多朋友送场地、赠资金的情况下才艰难完成的。6 个人用 3 年的时间制作 52 集黏土定格动画，这可以说是创纪录了，可是还是没有追上传媒更新换代的步伐，有能力购买、传播动画片的视频平台越来越少，取而代之的是更快节奏的短视频平台。黏土动画销售不出去，而工作室也错过了进入短视频平台的最佳时机。但到了这个节点，工作室也没有别的选择，要么摘牌，要么转型。依靠 20 年的积累和优秀的团队，从 2021 年 6 月到 2022 年 3 月底，用时 10 个月，我们小红书的粉丝达到 30 万，点赞收藏达 220 多万，我们回到了行业头部的队列，也回到了大家的视野中。我的创业之路从一台手机开始，现在又回到了手机那巴掌大小的屏幕上。几经沉浮，痴心不改。

没有同行，只有朋友

20 多年前，我开始捏黏土、上杂志的时候，全国没有几个人玩这个，更是不可能形成行业，所以我创业之初是没有同行竞争的。随着黏土类产品涌入我国市场，渐渐地，我的"同行"多了起来。目前，神秘的黏土行业其实分为两大板块，一是生产、售卖黏土产品，二是创作、传播黏土文化。两个板块相辅相成，一起支撑着这个不大不小的行业。起初，从事黏土产品售卖的人，手持产品却缺少形象，产品很难收获买家的认可；从事黏土文化创作的人，拥有很多黏土作品，却难以变现、维持爱好。这两个板块的人走到了一起，其实这是好事，相互合作，整个行业才可能做大，变得繁荣。后来，商家要应对价格战，用于黏土形象、黏土课程的资金一缩再缩，甚至有的黏土教程视频只能收获30元的酬劳。创作者要生存，要有创作空间，心中想的是通过自己的作品获得丰厚报酬，可收益却总是不尽如人意。两个板块不得不开始自我完善，有些商家开始招聘会捏黏土的员工，做些简单的教程；创作者也开始丰富自己的收益方式，开网店卖黏土、定制黏土成品、售卖黏土课程或图书便成了三个主流的变现方式。如果你喜爱黏土又想把它当作事业，那么，在做好个人品牌的基础上，这三个方向值得一试。

其实，行业发展之初，发展方向并没有这么清晰，但很明显，我从事的是"创作者"板块，我的做法是只销售创意，不售卖作品——输出黏土艺术设计理念而不是售卖一件件黏土作品，所以到现在我也没在网上卖过一件定制作品。尽管如此，我也被人指责："捏得不好，作品和同行雷同。"我想，每一个行业也许都存在类似的指责。面对当时的局面，我的做法就是不树敌，冷处理，相信公道自在人心。不要苦恼于陌生人的误解与非议，就像我前面提过的**"大羹必有淡味，至宝必有瑕秽。大简必有不好，良工必有不巧"**。那些人不重要，不要因为他们而放弃你最爱的事业。

回首过往，最让我感触的不是某件黏土作品，而是这20多年接触的人，特别是那些通过黏土认识的朋友。做事先做人，与人相处才是做事的核心，不要急于做事，先真诚地对待我们遇到的每个人。记得当年我在一个商场做黏土推广活动，课后有位小朋友没有走，他找到了我。经过了解，我才知道他在网上看到我有活动，特意让爷爷带他来参加，说着，他从书包里拿出一本《7号人轻松粘土手工课》。那本书已经被他翻得很旧很破。他爷爷说，这本书他每天都装在书包里，有空就翻。后来，我邀请他到工作室学习，如今小伙子长得比我都高了，他也完成了很多黏土作品，更是带动班级里的很多人喜欢上了黏土，从黏土中得到了快乐。

虽然我在自媒体视频里总是自称"7老师"，但生活中我经常提醒自己不要"好为人师"。以上讲述的一些行业经验，希望大家能以朋友聊天的语境来看待，当然，这是我的行业经历，努力去做，我相信你会拥有更多彩的未来。

最后，祝大家幸福快乐，前程似锦。

★7号人粘土工作室主理人

自2000年起从事黏土艺术创作。编著有《7号人轻松粘土手工课》《7号人轻松粘土魔法书》等16本黏土手工畅销书。曾受邀参加中央电视台《智慧树》、湖南卫视《快乐大本营》、北京卫视《财富故事》等电视节目。与京东、淘宝、大众点评网等多家知名企业合作。2010年开始亲子黏土教学，开授线下课程超过200场，线上与数万家庭分享黏土制作的快乐。希望每个人都能在黏土世界中玩得开心！

05

● 自由职业观察者林安
链接 1000 个自由职业者

辞职采访 100 个不上班的人，我看见了最真实的自由职业者生存图鉴。

"自由职业，职业是前提，自由是结果。"

《现在的年轻人，为什么都不想上班了》，2018 年 1 月 30 日在网上发表这篇文章时，我并不会想到，它会成为帮助我推开自由职业大门的敲门砖。

从此，一个 26 岁、不想上班的女孩，开启了她的第二人生。

4 年后，坐在电脑前写这篇文章的我，已经从当年那个采访 100 个不上班的人的上班族，成长为一个链接服务超 1000 名自由职业者的自由职业成长社区创业者。

一路上，我有过无数想放弃的时刻，无数次告诉自己"不然再回去上班吧"，无数次心想"现在才知道上班轻松多了"……但最后，我还是选择坚持做自由职业者。是什么让我坚持了下来呢？

接触、采访了 200 多名自由职业者后，我想聊聊我和他们的故事。

可以不上班，但不能不工作

为什么不想上班？这事要从 4 年前说起。

4 年前，我 26 岁，在上海一家互联网公司的市场部工作。刚刚晋升市场部经理没多久，我的直属上司就因高层变动离职了。在接下来 1 个月的时间里，我身边关系要好的同事接连离职："我要去做自己真正喜欢的事情了。"离开前，他们不约而同地对我说。

那个春天，我每天都坐在办公室看着窗外烂漫的春光思考："人人都找到了自己真正喜欢的事情，那么我呢？我喜欢的事情是什么？"

那段时间，我感觉自己就像一个溺水的人，身边的人都找到了名叫热爱的救生圈，慢慢向岸边游去，只有我还在水中苦苦挣扎。

"我真的喜欢现在这份工作吗？"在一次又一次的追问之下，我揭开了工作外面的那层华丽包装，看见了掩藏在"体面的薪水""光鲜的职位"这些漂亮丝带下的工作本质：用自己的劳动为他人创造价值。

我好像知道了为什么我总是很难在一家公司长久地工作下去。

回想我 4 年多的职场生涯，每一次跳槽都打满鸡血准备大干一场，一段时间后就会陷入职业倦怠，开始对工作提不起兴趣。之所以会这样，很多时候不是我变了，而是同事变了，公司变了，周围的环境变了……

我渐渐意识到上班就是一件极其不可控的事情。当我们自我实现的方向与公司发展的方向产生偏差时，工作就从创造价值变成了痛苦的重复劳动。很多时候，人在办公室里坐着，心已经飘到了很远的地方，连接我们与公司的那根纽带，只剩下薪酬待遇。

主动切断这根叫作"金钱"的纽带并不容易，毕竟，没有工作，失去收入来源，我们何以为生？

2017 年冬天，我陷入了认为"工作无意义"的虚无之中。

几天后，我看了《圆桌派》的一期节目，聊"不想上班怎么破"。

陈丹青在节目里说："工作是有很强驱动力的，我也不喜欢上班，却可以像虫子一样醒来就工作，一直到深夜。"

那时我才明白，原来工作和上班完全是两回事，我可以不喜欢上班，却热爱工作。不是工作没意义，而是上班没价值。

我要重拾对工作的热爱，那就从采访那些"只工作，不上班"的人开始吧。

几天后，我写下了《现在的年轻人，为什么都不想上班了》这篇文章，并在文末告诉大家：我要开始采访 100 个不上班的人了，看看朝九晚五的生活之外，人生还有多少种可能性。

采访 100 个不上班的人，看见更多职业的 AB 面

"100 个不上班的人"采访计划，是从解决自己的困惑开始的。大概有半年的时间，我白天在公司上班，下班后回到家就迫不及待地拿出手机约通信录里那些不上班的朋友做采访。就这样，我因上班丧失的热情，又通过采访不上班的人找回来了。

辞职前，我已经在很多新媒体平台运营了近 4 年自媒体账号，这段时间的积累，为我的专栏在各个平台爆发打下了基础。

不到一年的时间，"100 个不上班的人"系列就在全网收获了百万阅读量，越来越多的合作邀约、广告机会、出版机会找过来，这给了我辞职的冲动和勇气。思考良久，我在没有稳定的副业收入的情况下，向公司提出了辞职。

现在回想起来，这也是我 26 年的人生中做过的最大胆的决定。后来接触了很多自由职业者，我才知道大部分人是在副业收入与主业收入持平，甚至超过主业收入时，才会选择离职。

因此，在辞职后的 3 个月内，我几乎每天都处在焦虑中。虽然存够了 2 年不上班的生存资金，但眼见存款一天天减少，下一笔收入却不知道何时进账，这种感觉并不好受。

辞职后的那段时间，上海常常是 38℃的高温。记忆中的那个夏天，我一天也没休息过，反而比上班的时候更忙。前 3 个月，我的目标很明确：赚够在上海的基本生活费。

在这个过程中，采访 100 个不上班的人帮我积累了非常多的经验。通过接触、采访那些不上班的自由职业者，我知道了他们的起步方法和生存现状，获取了自由职业起步阶段的宝贵建议。

但有时，采访 100 个不上班的人也让我对一些原本感兴趣的职业祛了魅。

某次，我和一个在网上认识的自由撰稿人远程聊了两个多小时，挂掉电话的那一刻，我坐在天色渐暗的房间里，深深地吸了口气，然后放弃了成为一名全职撰稿人的想法，因为我在采访过程中发现，这种职业每天都需要进行高强度的写作和重复枯燥的改稿，需要保持十分稳定的作息，这些都是喜欢新鲜感的我不能忍受的。

有时，采访不上班的人也能让我看到更多职业的 AB 面。

2019 年冬天，我采访了一个朋友圈里岁月静好的花艺师 / 民宿主。采访之前，我觉得她一定是那种"从出生那一刻起，人生就一帆风顺"的女孩，甚至十分羡慕她的生活。

采访结束后，我的想法完全被颠覆了。因为我看到那些鲜花环绕的美丽照片背后，是她一次又一次通宵给客户搭建花艺展台的辛苦；那些都市女孩光鲜小资的生活方式背后，是她在出差的高铁上疲累到干呕的脆弱；那些复古温馨的民宿背后，是一次次被无理取闹的客人气哭后的无奈与委屈。

看见这些以后，我与没能活成期待中的样子的自己和解了，也不再轻易去羡慕生活中认识的任何一个看上去优秀和成功的人。因为"人生总有 AB 面，你承担不了 B 面的痛苦，就不要羡慕 A 面的闪耀"。况且那些看上去闪耀的人，说不定也在看着远处更闪耀的地方自认平庸。

打破自由幻想，探索自由职业的苦与乐

这几年，我接触了很多不想上班的职场人，发现他们对自由职业存在不切实际的幻想。

"自由职业者可以每天睡到自然醒。"

"自由职业者可以自由安排工作时间。"

"自由职业者不用见烦人的老板和同事。"

一边是对自由职业的美好幻想，一边是在职场上班的痛苦烦心。为了逃避上班，很多人逃向了自由职业。但那些能长久从事自由职业的人，反而是原本在职场中就很优秀的人，他们选择自由职业只是为了有更多的时间做自己真正热爱的事情，把时间花在自己身上。

我辞职前的那份工作给我的薪资待遇、工作时长、职业头衔都很不错，我离开是因为我在这份外人眼里不错的工作中找不到热爱了，仅此而已。

但是突然从每天规律打卡、去固定地方上班的状态，转变成可以自由安排每天的工作时间和地点的状态，一开始，很多人会被这突如其来的"自由"打败，包括我。

2020年，我采访了一个自由潜水教练，她告诉我，她从事自由职业后的第一个月，过得非常颓废，作息毫无规律可言，常常是工作做到一半就去和朋友聚会了。

成为自由职业者的第四个月，当我的月收入第一次超过上班工资时，我也进入了类似状态。那段时间，我被第二轮空虚感和无意义感包围。"我已经在过自己理想中自由的生活了，为什么还是这么空虚呢？"我问自己。

后来我发现，问题出在"自由职业者缺乏社会系统各方面的支持"上。

比如，在社会保障方面，没有一项为自由职业者设立的保障机制。我们一旦脱离了公司，在社会意义上就是"失业人口"或者"灵

活就业人口"，社保怎么交？税怎么交？很多自由职业者寻不到方式与入口。

这也衍生了另一个问题：身份认同感缺失。很多人离职后之所以不敢告诉父母亲友，是因为他们害怕面对不理解、不支持甚至歧视。

我成为自由职业者半年后才敢告诉父母我已经离职了，因为那时候我的收入已经稳定，能够让他们放心。但我知道在更多父母的眼中，"自由职业"约等于"无业"，是一个很没面子的身份——即使有些自由职业者比上班时收入更多。我前文提到的花艺师，在很长一段时间内被前男友说"你只是一个卖花的，干的都是体力活"。

与此同时，很多自由职业者脱离职场后，会变得越来越宅，出门与人社交的次数和频率都大幅降低。我最长的宅家纪录是 1 个月不出门，那段时间我差点陷入抑郁情绪——我的人际系统也受损了。

再加上职业发展路径不清晰、收入不稳定、日常性焦虑、作息不规律，自由职业者也是焦虑症、抑郁症高发群体。

这是我近几年接触了 200 多名自由职业者后发现的一部分共性。

而那些十分自律、业务稳定的自由职业者，则会陷入另一个极端：过劳工作与自我强迫。

我认识一名广州的自由插画师，她在副业收入超过主业收入后辞去了设计主管的工作。自由职业初期，为了维护客户关系，她几乎来者不拒，每天都在埋头做设计、画插画。有时偶尔放松一下，她也会产生严重的内疚感，觉得放松就是浪费时间和金钱。

另一名自由撰稿人做着写一个字挣一元的高薪工作，他平均 2 天就可以写完一篇 8000 ~ 10000 字的稿子，最多的时候一个月靠写稿赚了 6 万元。但几个月后，长期埋头写作引发的颈椎病把他送进了医院，靠写稿赚的钱，又大把地送进了医院。

2020 年，我在自由职业遇到上升瓶颈后开始创业，每天工作 8 小时以上，每天多线处理五六个项目成了常态。有阵子，我每隔几天就会因为工作量爆表而情绪崩溃，这种事情我也拍成视频发在了小红书上。2021年年底，我去大理放松休假时也带着工作，被在那里生活的自由职业者调侃"自我剥削"。

没工作时焦虑空虚，有工作时过劳工作、自我强迫，几乎成了大城市自由职业者的常态。能平衡好工作与生活的自由职业者，少之又少。

这是大部分自由职业者的工作状态，因为说白了，自由职业者只是从在职场给一个固定老板打工的状态，转变成给很多个老板打工的状态，他们依然凭借出售自己的时间赚钱，只不过工作的时间和地点更自由，也拥有了选择老板的自由。

而那些不想继续被动地给别人打工的自由职业者，会考虑成立个人工作室或者公司，组建团队，自己当老板，成为小微企业主。

读到这里，也许很多人会好奇：既然自由职业这么苦，为什么还要做自由职业者呢？

凡事都有两面。这几年，我问过身边的很多自由职业者："虽然很焦虑、辛苦，但是你想回去上班吗？"

大部分人的答案是："不想。"因为他们舍弃不掉这份自由。

成为自由职业者后，我们拥有了更多选择的自由——选择好说话的客户、选择契合的合作伙伴、选择与喜欢的人打交道、选择舒适的工作地点、选择错峰出行……

虽然工作时间变得更长了，但是我们拥有更灵活的时间陪伴家人，也可以用省下来的通勤时间学习新知识，进行自我提升，每年的年假变长了，也可以在淡季花更少的钱去旅行。

这些自由都是我们不愿失去的。

给不想上班的你一些建议

如果你也不想上班，**第一，一定要想清楚做自由职业真正的原因是什么，不要为了逃避而选择自由职业。**如果为了逃避现在工作中遇到的困难而选择自由职业，后面可能会遇到更大的困难。

第二，提前存好半年至一年的"不上班基金"。心理上的安全感建立在物质基础之上。我不太建议现阶段有财务危机的人从事自由职业，因为这会影响你成为自由职业者后的状态。

第三，提前搭建好自己的人际关系和环境支持系统。比如在离职前，就想好哪些人可以给你提供情绪上的支持？工作中遇到困难时可以找谁沟通？很多自由职业者会人为地给自己建立秩序感，比如把办公区、生活区严格地区分开来，也可以在外面租个工位，设定上下班的时间等。

第四，提前接触自由人生样本，走近那些自由职业者，看看他们的真实生活状态是怎样的。与关注他们光鲜的一面相比，你更应该关注让他们痛苦的一面，权衡你是否可以承受这种痛苦。

理想的工作形态是只工作，不上班

2018 年辞职时，我身边还没有多少人在做自由职业，也没有多少人讨论它。这几年，随着互联网的发展，越来越多的人开始思考上班之外的另一种可能性。

越来越多的企业开始尝试远程办公，不少人在居家办公的过程中被动体验了自由职业者的日常。这几年，个人所得税改革也让自由职业者有了自主申报税款的途径，不仅如此，为自由职业者提供服务的平台、网站也在逐渐增多。2022 年，我注册了自己的公司"自由会客厅"，希望通过链接更多自由职业者，分享更多与自由职业成长相关的知识与课程，让那些在职场里找不到热爱的人，多一种方式开启自由人生。

"我理想的工作形态是未来的某天，每个人都可以在自己喜欢的时间和空间里，做自己喜欢的工作。没有人再抱怨工作，因为它已经成为一件让人快乐的事。"在我 2019 年出版的第一本书《只工作，不上班》的结尾，我这样写道。

我也想拿它作为这篇文章的结尾，送给正在读这篇文章的你。愿你我都能早日拥有"只工作，不上班"的自由人生。

★ **林安**

内容创作者，"自由会客厅"创始人，《逆行人生》主播。

2018 年 2 月开始连载自由职业采访专栏《100 个不上班的人》，关注自由职业群体。2019 年出版第一本记录自由职业群体生存现状的图书《只工作，不上班》。

2020 年 7 月开启第一个创业项目"自由会客厅"，链接自由职业者，共同探索"只工作，不上班"的自由人生。

全平台同名：林安的会客厅

06

● 调酒师 Madge
调和酒精与人生百态

我真正享受的，是每一个我之间的隔离，在这些职业反差构建的隔离带里，才存在真我。

午夜邂逅与记忆

我记得有一个酒类账号分享过一篇关于我的文章，主题叫"不可思议的调酒师"，就是这篇文章让很多朋友发现了我这个整天在托斯卡纳种菜养花、过着远离人群的诗意生活的人，所拥有的另一份秘密职业、另一个隐藏身份——调酒师。

我其实一直不太用这三个字来介绍自己，倒不是因为害怕什么，对灯红酒绿的偏见在这么多年里已经被磨成了细砂，不足以伤人了。而我也庆幸我有一个开明的母亲和一个本就喜爱酒的父亲。我至今还记得母亲第一次坐到我的吧台前，我给她做了一杯荔枝味、带着微微花香的酒，她全方位拍照拍到杯壁上的冰霜全部融化后，豪迈地一口干掉了，留下一句淳朴的"好喝"和在朋友圈发布一条 9 张图的酒吧初体验动态。我现在想起来，也许正是母亲这种侠中带勇的突破，从气势上打压了七大姑八大姨的诧异和偏见。是啊，我何其幸运。

隐瞒调酒师的身份其实只有两个原因，一个是有趣，另一个则是觉得自己不够称职。我深知自己不像大多数同行那样"专一"，把大部分时间贡献给这份工作。他们通常不是在店里，就是在去店里的路上，或者在补夜晚工作占去的睡眠。说来也是惭愧，我一直是个在职业上三心二意的人，我甚至凌晨2点酒吧下班后9点去做一份能赋予我白昼全新身份的工作，有时候在美术馆，有时候在传媒公司，有时候在餐厅后厨。无论白日有再多压力，再多阴雨，夜晚回到吧台，就像拥有了一种特殊的魔力，一切愁云都会消散，那一块围起来的小小空地，永远让我感到轻松自在。调酒师于我而言就像一个缓解压力的药剂，帮我更好地调度不同的工作，调整到更好的状态。也许有的人会说工作多了会累，可对我而言，负负反倒得了正。

从严格意义上来说，从上海搬到托斯卡纳后，我已经好些时间没有碰过酒了，直到前两年暑期回国，想到离过去的生活已经太远了，就特意选了一个陌生的城市，在一家美术馆做了一份我所学专业范围内的工作，计划以一种边工作边生活的方式沉浸地体验在一个感兴趣的城市中生活。当然，城市最吸引我的，除了白日里所能看到的历史文化、人文风情，还有太阳落山后才开门营业的一家家风格不同的酒吧。不同城市的夜生活就像不同人的影子，在阳光下投射出各不相同的轮廓，不如白天入侵视线时那般直接、清晰，但存在着深邃、模糊、暧昧、迷人的共振。于是我白天做完策展工作，夜里就松弛下来，循着城市的街道，去往一家家酒吧，探索夜幕下的人情与口味。对我来说，不同的装饰、不同的光线、不同的味道、不同的见闻都是久等的惊喜。有些夜晚温馨浪漫，吹着凉风惬意轻松，有些夜晚则仿佛可以看尽世间百态。

记得2019年初夏的一晚，我坐在吧台边和清瘦的调酒师聊起了天。调酒师之间总说，我们这一行就像有某种雷达，总能感受出来谁是同行。我刚对他说"请给我多加点金巴利"，他就果断问我做这行多久了。这个问题对我来说已经需要扳起手指头来数：2013 年、2014 年、2015 年……算起来到那时大概 6 年了吧。那位年轻清瘦的调酒师立刻让出了吧台，称呼我为"前辈"。我才意识到，岁月助长的，除了恼人的额角沟壑，原来还有"辈分"。于是，我在那晚成功地被这个称谓"俘获"，兼职给对方做了一晚劳动力。

算算还真是，我接触调酒是在 2013 年，说来其实还不到 10 年，在有的行业也许才刚上道，但在调酒这行却不算"年轻"了。现在想想，调酒的确不同于其他行业，它相对来说太小众了。那时候，我能看到的、能崇拜的、算得上前辈的人，也最多不过三四十岁出头。这个在西方存在了几百年的职业，十年前在国内就像近几年的人工智能那般新鲜。

这十年如梭的光阴，确实改变了我的容貌、我的生活、我的追求、我的渴望以及脚下的土地、手上的工作、眼里的风景。从始至终未曾有变的，是对暗夜的眷恋、对吧台的热情，那种憧憬一眼万年，是浪漫的、无声的、恒久的。

18 岁的冬天，我和同龄人一样，刚踏出家门，渴望新生活，渴望新朋友。抱着与新朋友加深友谊的目的，我跟着聚会友人懵懂地踏进了酒吧这个常被误解的地方。想来真是青涩，在过去 18 年里，我一直被长辈们灌输这样带有偏见的思想，以要求女孩勿晚归、勿入酒吧。

而我就像偷尝了罐子里的糖果，胆怯又享受。哪怕过去了近 10 年，那晚的一切仍历历在目。酒吧的人群、现场的音乐、昏暗的氛围、虚晃的烛光，还有酸甜里藏着的酒精度。我像是误入了巨人的花园，花园里春光明媚、鸟语花香、景色秀丽，但围墙上挂着一块告示牌：闲人勿入，违者重罚。

面对这个新鲜的世界，我竭力保持头脑清醒，却在无意间丢了手机，于是不得不在隔日，黑夜从这里退去后返回找手机。后来我还谈到过这个故事：酒吧老板看我可怜，聘用我做零工，预付了我的手机费，从之后的工资里扣除。

关于这意外的橄榄枝，我突然想到在书中看到李开复老师的那句"大学是你犯错代价最低的四年"，于是也没多犹豫，就应了下来，心里告诉自己是迫于生计，无奈之举。带着新鲜与妥协，我进入了吧台。这一待，调酒这件事就断断续续填充了我的整段青春。从大学毕业后到上海，再从上海到国外；从曾经的无法说服自己，到后来的引导他人。后来每每提到那笔可笑的手机债务，我都会坦诚地想：如果我足够幸运，没有弄丢手机，我又如何拥有这份爱好？仿佛那夜相识的奇遇，意犹未尽。

说到幸运，在调酒这条路上，我一直觉得自己是足够幸运的，特别是当我从懵懂到了解以后，我发现自己的确少走了很多弯路，尤其是在一个职业本身尚不成熟之时、在一个只有极少数人踏足的领域，有一个靠谱的领路人太重要了。

我的第一任经理是一个伊朗人，名叫高森，曾经在英国工作学习，后来不知道出于什么原因来了中国，来到南京。我没有过问对方的私事。他对我的指导，实在让我想不起来，说白了就是"放养"，也可能是一开始他并不愿意管我这个大学打零工的女孩子。他的指导就是，你自己做，自己尝，自己洗，自己再做。

虽然并不主动，但是他会回答我所有的问题。我那时候就像有十万个为什么，整天在他耳边叽叽喳喳："为什么要摇""为什么不搅""为什么要双层过滤""为什么又不用过滤"……现在想来，如果有人在我工作时这么打岔，我未必像他那么有耐心。

我觉得自己幸运的另一点是在初学时期被委以信任。在洗杯子、观察客人和暗自练习一段时间后，在一个没有任何征兆的工作夜里，高森冷不丁地递给我一张客人的点酒单，是一杯内格罗尼（Negroni）。等不及我反应，他就把工具塞到了我手里。这是一杯将三种酒等比例混合的经典酒，我看了很多遍，也喝了很多杯，但这一次它却在我心里混合出一种奇妙的反应，之前种下的东西开始萌芽了。

上下班的隔离地带

其实，作为在校大学生，兼职调酒并不容易。大学城和市区通常有些距离。我刚开始工作的那两年，长江大桥还未通地铁，工作时只能从学校坐大巴车过江，稍一堵车就得坐上一个多小时，几乎每次都是带着因为晕车而内里翻滚的胃冲进更衣室，5 分钟后我就能换一个人似的充满热情地跳进吧台。

跨江公交末班车发车时间是夜里的 10 点 22 分，首班车发车是早上 6 点整，而我下班大概在夜里两三点，很明显，我的工资不够支撑我夜夜打车回学校，于是 3 点到 6 点之间的几小时，我都选择在酒吧外一家 24 小时营业的肯德基度过。凌晨的肯德基非常安静，那段时间也被我算到了工作时间内，因为我总是用这一小段清醒的时刻，一个人坐着，去回想、去思考这一晚遇到的事情，把这一晚听到的、看到的在脑子里过一遍，就像看了一遍书，然后用一段时间把里面的情节再将一将，从中获得启发——做酒的启发及做人的启发。我逐渐明白，这份职业真正给我的，是让我学会去看，看不同的人，看到那些不同的人；听不同的故事，也听明白很多道理。

后来的很多年里，我一直会"望"见一处幻象：一辆车行驶在长江大桥上，河岸倾斜地框进车窗，玻璃上浮着浅浅的水汽，朦胧的光点在飞速后退。十年弹指一挥间，却好长又好远，很难相信，那么多个清澈的夜晚、那么多趟疲惫的通勤，经历这些的是小小的自己。我试着去理解这种难以相信的情绪。在这之后，我过了好多种人生，我开过餐厅、做过主持、做过策展、出国读研、做后厨、做收银、做编辑、做博主……它们并不都是成功的，但我成功地在这些人生之间建立了很多隔离带，这样互相独立的隔离带很有趣，就像我大学时在酒吧工作的那段时间学到的划分模式——为了避免老师和同学误会，我隐瞒了在酒吧的这份工作，同时为了与客人保持安全距离，我也隐瞒了我的学生身份。于是，每次从学校到酒吧、从调酒师到学生的转变过程就变得十分有趣。

在两个身份之间游走对我来说是无限快乐的，两个身份的隔离地带充满能量，而这也给我的生活带来了充足的新鲜感，也许正是这种新鲜感的驱动，我有了更多的热情去工作与学习。在酒吧兼职的大学期间，我拿了国家奖学金，主持了国家级大学生创业项目，代表学校拿了全国艺术体操赛团体第一。这样的隔离，也让我保持了对调酒的强烈兴趣，如此不畏道阻且长，不辞辛劳艰苦，不怠初心赤诚，不负锦瑟年华。

身份的认可与不存在的门槛

时间匆匆而过，我也从当初那个被带领的人，变成了带领团队的人。我遇到很多比当初的我更坦荡、更勇敢地踏进这个行业的年轻人。他们对这个领域有着不同的认识、不同的目的、不同的期望，也让我看到这个行业需求上的一些关键点。

我在两年前的招聘里，第一次遇到了调酒学校毕业的学生。我对他们充满好奇——更多的是对我自身未受过的"教育"的好奇。我想从他们身上了解这个行业如何开展系统的学科课程，如何将应用场景从酒吧转移到教室，又从教室将技能带入吧台。他们或许会分实践课和理论课，理论课讲一些酒类的知识，例如酒的名称、分类、产地，鸡尾酒的配方、历史，也许还有一些运营类的知识。那实践呢？从研发、采购到装杯、上桌，这里面有太多知识要学了，他们会像一个表演学校吗？如何规范学生的每一个动作？既要精准与流畅，又要保留个人特色，口味还有严格要求。服务呢？服务又该怎么办呢？客人的喜好如何写进书本？面对不同的面孔，调酒师不能只有一个表情，回应各种问题也不该只有一个答案。带着这些好奇，我面试了几个从调酒学校毕业的小孩，我先是问一些关于酒类基础的知识，他们大多掌握得很不好。我又提了几个酒吧可能出现的突发状况，几人更是一筹莫展，质疑问题超纲。我与做酒吧管理的朋友倾诉，得到的也是类似的经历和相同的感受。

回看自己的经历，我是幸运的，我在吧台里学习，能不断尝试、练习配合、习惯作息、感受压力、观察客人、倾听需求，那些洗杯子的时间，真真正正锻炼了我。工作的时候，我每天晚饭时间准时到店里开档^①，上班时间就如大家所见，认真制作每一杯酒，服务好每一位客人。收档与开档对应，大多在后半夜酒吧打烊后，我需要保持清醒，打起精神清洗酒具、备货、处理损耗、打扫卫生、清点库存、预定隔天所需的鲜货等，每一个步骤，每一天都会有所不同，就像每一家酒吧、每一个夜晚发生的故事都不相同。

于是我把招聘信息概括成初入行的需要。你不是必须具备很扎实的基础，因为关于酒类的知识，最正统的，都在吧台里。比起受过训练的，我更倾向于雇用"一张白纸"。可这张"白纸"需要具备一些特质，比如良好的服务意识、优秀的沟通能力、持久的学习能力和记忆力，以及冷静、耐心和尊重。

不难看出，调酒行业其实没什么门槛。如果想让自己具备一些基础能力或过人之处，除了已有的硬件条件，提高外语能力也很关键，因为调酒本身就是舶来品，要想在这条道路上越走越顺，或是对未来有一些高追求，那你也许需要和这些知识的源头进行对接。

有的人会问，怎样判断一个人是不是调酒师，是否有结业证书或是入行协议之类的可以佐证自己身份的证书？答案当然是没有，至少目前没有。调酒师在国内仍然属于一个小众职业，并没有官方机构，也没有标准的行业证书。官方的认证分为技能类和表彰行业贡献类，

---

① 开档是指吧台营业前要准备的所有工作，包括签收鲜货、凿冰、擦杯、冰杯、现榨果汁、熬煮果酱、分装香料、准备装饰……一些客流量大的店需要几小时的时间开档，以准备足够的预调。

技能类认证类似于 WSET[①] 或 IWS[②] 这类相对权威的认证，在入行前了解一下也不是坏事；表彰行业贡献类的认证则是五花八门，例如威士忌执杯者、雅文邑火枪手、香槟骑士等，含金量视具体情况而定。

调酒行业不仅没有门槛，甚至没有秘密，所谓处理方式和加工方式（分子、浸泡、萃取、蒸馏、澄清等）再复杂也不会超过烹饪的复杂程度。

投入与产出，现状与未来

光看行业门槛的确让人心动，我们再来讨论行业的投入和产出。目前调酒行业的投入和产出会因城市、产品定位的不同而呈现极大差异。但是无论怎样，只要在吧台里工作，投入的精力都是巨大的。

为了了解这一行业的现状，我联系了许多国内同行，大家的答案大同小异，我以其中一位沪上调酒师的个人分析为例。

Allen 是上海 DreamSicle 酒吧的管理者，与我同年入行，他一直不间断地从事调酒师工作。在我们的对话中，他总结了自己的现状。新冠肺炎疫情发生之前，上海的鸡尾酒市场一直很繁荣，通常，从业者的收入稳定且可观，加上上海国际化大都市的地位，吸引了各国的观光者和求职求学的人，这些从小就接受鸡尾酒文化的客人成了上海各个酒吧的常客。近几年，酒吧生意受到影响，海外客人的数量骤减。在很长一段时间内，Allen 一直处在"放假"状态——这里说的"放假"不是指不工作，而是专业学习进程停滞。Allen 倒是并不消极，在此期间，他一直在调整自己的状态，把重心放在自我提升上，包括学习外语、拓展资源以及收集业内资讯，相信情况好转时他能因此有所收获。

从他的讲述中我能看出，当我们在讨论调酒师的现状和未来时，

---

① 全称是 Wine & Spirit Education Trust, 葡萄酒及烈酒教育基金会认证。

② 全称是 The Italian Wine Scholar Program, 意大利葡萄酒学者认证。

其实是在讨论整个酒吧行业的现状和未来。

整体来说，"去酒吧""喝酒"通常被大众认定为娱乐消费项目，所以注定只能走小众化、精品化的路线，实际上，除了供应链完善的快消式酒吧和大型夜店，这个行业的"风口"尚不明显。

就目前来看，调酒行业的未来发展态势并不乐观，发展道路狭窄，小众市场仍缺乏安全感。未来，国内调酒行业的发展也许仍然不及那些普遍接受了鸡尾酒文化的国家，但是我们人口基数大，若提升消费者对鸡尾酒的需求，我们的市场收益也会高起来。换句话说，什么时候消费者口袋鼓了，娱乐消费日常化了，行业就自然向好发展了。

市场的扩张在未来必定需要从上往下走，从业者需要有所准备，下沉市场人口年龄层比重的调整、饮食习惯与娱乐习惯的转变并非一朝一夕间就能实现的。

疫情期间，一部分调酒师转而进行瓶装酒及发酵酒的研究，在这些方面有了不小的提升。加之进口食品供应不如从前，从业者更倾向于选择一些本地的食材，鸡尾酒"本土化"的苗头出现。

未来酒水出品会越来越快，RTD① 鸡尾酒产品也会越来越多。期待在不久的将来，我们能让海外客人或者调酒行业从业者看到，我们有所提升，食材运用也有了很大的突破。

我告别调酒师这份工作是在 2017 年，从国内来到国外。无论周遭环境如何变化，有些习惯始终无法改变。我还是喜欢在夜晚去认识一个城市，从一个酒吧到另一个酒吧，在 The Aviary 门口看芝加哥大雪纷飞，呼出的热气都带着浓烈的酒精味；从美洲酒吧（American bar）到 Lyaness 狂奔的路上，在泰晤士河岸边吹着微风；在 Little red Door 门口提着酒杯，感受十月巴黎的浪漫。

我还是会在生活里留出一些午夜，在太阳落入阿诺河后，在满城灯火点满佛罗伦萨时，在群青色天空从头顶退去前，踏过老街旧桥古

---

① 全称为 Ready-to-Drink，意为随时随地可以饮用。——编者注

巷，去酒馆喝上一杯。我常去的 Rasputin 是一家非常隐秘的酒吧，藏在一条特别狭窄的街道上，入口处只有一条神秘的猩红色丝绒布帘垂在地面，拦住了通往地下室的楼道。敲响铃铛，自然有人来迎。穿过楼梯，是旧时代的家具、动物的头骨、古老的黑钢琴、如油般浓稠的烛泪……鸡尾酒单一年换两次，精致又简单，和意大利厨房一脉相承的是对原材料的敬畏和对香料的巧妙运用。一晚的尽兴过后，再从楼道向上回到现实，它的门在身后轻轻合上，湿漉漉的街道寂静空旷，你会怀疑自己去了哪里，仿佛这场雨、这一切都是一场醉梦。

回到对调酒行业未来的展望，我希望鸡尾酒文化的普及度更高。调酒这个行业并不想有秘密，相反，消费者如果能把简单的鸡尾酒知识当作一种常识，能把去酒吧当成习惯的放松或者长期的兴趣，让古典鸡尾酒、马天尼像麻婆豆腐、鱼香肉丝一样尽人皆知，让陌生的酒名成为脑中具体的味觉想象，让家庭聚会上的酒水变得各式各样，那我们调酒行业就"起飞"了。

★**Madge 曼婕**

多元身份艺术学者，现居意大利。毕业于佛罗伦萨美术学院新艺术语言表达专业。

2013 年进入调酒行业，陆续在南京、上海、成都、重庆、佛罗伦萨等地从事调酒师、运营总监等职务。

第 ② 部分
随热爱奔跑

自由不是想做什么就做什么，而是你不想做什么，就可以不做什么。

07

● 宠物营养师鬼鬼

宠物营养师的月亮与六便士

我一直相信"因为热爱，所以一往无前，未来不设限"。

大家好，我是宠物营养师鬼鬼。之前从没有给大家分享过我的经历，经常有小伙伴很好奇地询问我是怎么走上宠物营养师的道路的，以及如何成为宠物营养师，今天，我和大家分享一下我的个人经历，介绍我是怎么成为宠物营养师的，带大家揭秘这个在外界看来蛮小众的职业到底是怎样的。

上学时，我对未来的规划并不清晰与明朗，按部就班地上学生活。我是一个偏内向、不善于表达的男生，和大多数同龄人一样对未来充满迷茫。成为宠物营养师、职业规划决心围绕小动物展开，这些其实也不是一拍脑门决定的事情，更多的是因为发生了太多事情，我的心境转变了。与其说是我选择了宠物营养师这份工作，不如说是宠物们救赎了我。

之前看到一个很火的话题："假如回到十年前，你会怎样做？"

说实话，我会遵从当时的决定，依旧选择现在的职业。我很感谢这十年，它让我成长了太多，这些磕磕绊绊的经历，促使我成长为现在这个拥有坚强内心和坚定目标的人。

如果可以回到十年前，我想对自己说："请一定坚持做自己喜欢的事情。"

在这个时代，能够从事自己真正热爱的工作，不会觉得苦与累，热爱会化解琐碎工作中的乏累，这是我坚信的初衷。对自己的未来不设限，因为热爱，所以值得。

人生的短暂与无法复制，才使它不可避免地充满遗憾与反复无常。重要的是享受这段旅程，做自己真正热爱的事情，让生活充满意义。这个意义并不是世俗观念中的金钱、地位、权力，而是珍惜身边重要的人，让生活充实，发掘自己喜欢的事，做自己想做的事。

我想对十年前的自己说，请不要让自己后悔

不要因为工作忙就忘记陪伴家人。

进入宠物行业以后，我的生活重心完全放在回复客人或陪伴宠物上。我将心血投注在救治小动物、使小动物恢复健康上，很多时候，我需要 24 小时在线，及时回复与处理突发事件，告诉别人如何照顾宠物，手把手引导新手顾客与宠物们相处，关注宠物的身体状况。职业本身的忙碌与没有标准的"朝九晚五"上班概念，让我把更多的精力放在了工作上。

因为工作太忙，生活重心完全偏移，我忽略了对周围状况的感知，忽视了对身边的人进行情感回应，以至于忘记了回应妈妈的爱。

妈妈在 2018 年 9 月 16 日去世。在妈妈去世后的很长一段时间里，我无法接受这个事实，我一度把责任归咎于自己，认为是我忽略了周边事物的状态。我一再问自己，为什么没有照顾到妈妈的感受，为什么把精力都放在了其他事情上，因此忽视了全世界最爱我的人。那段时间，我对自己产生了怀疑，无法释然，无法与自己和解。

这件事对我而言是无法触碰的伤痛回忆。在我小时候，父母离异，

27 年的生命中，一直是妈妈陪伴着我，给予我无数的爱。妈妈教会了我爱的能力，妈妈是我精神上的支撑，妈妈让我拥有了对爱的感知。妈妈的支持和她对小动物的喜爱，潜移默化地影响了我，成就了今天的我。

那段黑暗时期，是我的噩梦，让我一度无法与自己和解，无法原谅自己。妈妈去世之后，我一度出现心理问题，被确诊为抑郁症，对周遭的一切无法做出感知与反应，感觉自己变得迟钝，想要封闭自己。

最黑暗的时光，也是最深刻的生活经历

妈妈离世的那段时间对我而言是黑色的，而让我坚持下来的最重要的原因是家里有两只狗需要照顾——当时的我无法从悲观的情绪中走出来，是两只狗用它们的方式陪伴着我。幸亏家里有它们帮助我。

为什么说宠物帮助了我？妈妈离世后，我想过自杀，每每出现这个念头，我都会在心里问自己："如果我死了，两只狗谁来喂养？如果我把自己搞生病了，谁来照顾它们？"每当自杀的想法出现在我的脑海中时，我会认为这是对它们的不公平：在我开心的时候，我有我的朋友，我有我的生活圈，拥有多维的交流空间，可以去倾诉、去宣泄，而它们，只有我。

在我沮丧的时候，当我想封闭自己、一个人待着的时候，它们会摇摇尾巴，表达它们的陪伴，好似有灵性地可以理解我当下的情绪，并且以它们的方式做出了回应。在两只狗的陪伴下，我慢慢地走了出来，慢慢地代谢掉了负面情绪，重新振作了起来。

回顾我过去的十年，有太多的心情起伏。经历了大大小小的事情之后，如今的我依然想分享给大家一句话：请坚持做自己，请坚持做自己热爱的事情！

对正在奋斗的年轻人而言，我们会经历迷茫、焦虑，但请不要否

定自己。即使你遭遇失败，哪怕被所有人不看好，甚至被人排挤，也不要吝啬对自我的肯定。找到自己的目标与想做的事情，你会因此而闪光。

我的职业并不是大众耳熟能详的，在做宠物营养师期间，我也遇到了周围人的不理解，很多长辈认为我不务正业、工作不稳定。我经历过他人的否定劝导，也经历过自我否定，但坚持不下去的时候，我都会在不经意间得到治愈。因此，我想告诉那些想去做某件事但还有些纠结、犹豫的朋友：坚定自己的目标，尝试做你想做的，并为之付出努力，不要做让自己后悔的事情。

最成功的时刻

工作原因，我经常外出帮助流浪动物。接收流浪动物后，宠物营养师需要时刻检查动物的身体状态，判断它们能否康复。

除此之外，宠物营养师还需要帮助养宠物的家庭，引导主人正确喂养，帮助宠物保持健康。每一次成功帮助主人治好宠物的伤病，我都像是得到了馈赠。

宠物主人对我的认可、宠物对我的认可（虽然小动物们不会说话，但它们会以健康活泼的精神状态给我回应），是我最想看到的。

这就是我坚守在这个岗位上的原因，也是因为这些瞬间，我深刻地感知到我所做的事情是有意义的。在这个过程中发生的点点滴滴，无形中治愈了那个曾经内向害羞的孩子，给他增添了自信心。

哪怕很多人不支持，但只要你自己相信自己，只要你自己认可自己，总归可以取得成功。

如何从平凡到闪光

其实每个人都拥有自己的闪光点，而这些闪光点也许需要一些契机才能被发掘。

我认为，宠物营养师需要具备以下特质。

第一个特质是专注。对新手来说，专注是最好的进攻策略；对强者来说，专注是最好的防守策略。

之前看到有人说"高手就是在高价值领域持续做正确动作的人"，曾经的我以为这句话只是鸡汤，直到我真的在宠物营养师领域深耕的时候才意识到这句话蕴含的能量。在报考各种宠物营养师所需的专业资格证书时，在日常救治中，专注是对动物负责、对养宠物的家庭负责的根本因素。宠物营养师的职责就是用自己不断提升的专业素养为需要的人和动物提供帮助。

第二个特质是坚持。我能有现在的成就，其实在很大程度上源于我对自己热爱的事业的坚持。起初，我从事小动物保护工作，这段经历相当于我进入宠物营养师领域的敲门砖。从事动物保护工作时，我看到很多宠物，有的缺乏营养、不被照顾，甚至被人们遗忘丢弃；有的意外被车撞、不幸受伤甚至骨折。在动物保护协会，我感受到了自己的无力，同时也坚定了自己要去学习专业知识、储备专业技能、用更加专业的手段帮助这些动物朋友的决心。

持之以恒是很难得的，但你要明白，成功对于每个人而言都是公平的，它承认和奖赏勤劳、努力，漠视和惩罚懒散、消极，请为自己的梦想全力以赴吧。

第三个特质是怀抱感恩的心与善良的心。

从事与宠物相关的工作，我们需要更多的善心和责任心去约束自己。很多时候，我们的工作需要遵从自己的本心，不计回报地付出。在救治无家可归的小动物，照顾被遗弃或流浪的小动物时，我们需要拥有善心，履行自己的职责。因为小动物无法说话，所以我们需要更加耐心和细心地理解它们想传达的信息。

请保持自己的这些特质。如果你也在从事和宠物相关的工作，我想说请坚持，或许你也曾面临被否定、压力过大、付出却没有回报的时刻，但要相信，情况坏到一定程度后就会好起来，因为身处谷底时任何方向都是上坡。努力过后，你就会知道，许多事情，坚持坚持就过来了。

引爆点

如果让我回想是什么事情令我更加坚定地走这条道路，我想也许是我家的狗去世，这是我发生重大转折的引爆点。

细想起来，曾经的我真的很羞涩、内向，总是害怕说错话让别人笑话。我家的狗帮助了我，它们用自己的方式帮我架起了沟通的桥梁——因为狗，我接触到很多喜欢小动物的朋友，与狗相关的话题让我逐渐从慢热、敏感的小男孩变得开朗了些。我的狗陪伴我走出人生低谷，帮助我走出抑郁症的阴影。

狗的去世是藏在我心里过不去的一个坎，让我愧疚至今。有一次，我遛狗的时候没有牵狗绳，以至于它被车撞了。这对我而言是很大的打击，因为它遭遇的意外是我的过错导致的。自那以后，我觉得拯救那些流浪的小动物是对我之前所犯错误的弥补。

这也是为什么我总是和别人强调遛狗一定要牵狗绳，尽管狗可能会抵抗狗绳的束缚，但我们仍要坚持带牵引绳遛狗，这样既能给狗充分的外出活动时间，也能保障它安全地自由活动，这是保证宠物安全与周围人群安全的一种方式。

经历了这些后，我会更严格地要求自己。我把这段灰暗的经历分享出来，也是希望大家可以将这件事作为警钟，避免类似的悲剧。

在照顾宠物上，我有一些见解想与大家分享。宠物的身体不适会通过肢体表现出来，因而，在和它们相处时，我们首先要熟悉它们的习性和生活习惯，出现反常行为时，我们要格外留意。其实照顾宠物需要自己多用心，要自己去发现，仔细观察它们有哪些异常状况。

另外，在宠物喂养上，我们要根据宠物的身体状况为它们补充营养。这需要我们了解与宠物护理、食品营养相关的知识，并将其运用在日常生活中。

拓宽视野、丰富经验也是必不可少的，不能纸上谈兵，要去亲身实践，在一次次的实践过程中总结经验，为不同体型、病症、习性的宠物制定最合适的喂养方案。我们可以多和业内人士交流沟通，彼此交换意见。

经验、理论知识、沟通能力都是成为宠物营养师必不可少的素质。

我的价值观

其实我觉得，随着年龄的增长，人的价值观也是会改变的，但从小到现在，我觉得自己唯一不会改变的就是心存感恩，这是我的价值观，也是我时刻约束自己的标尺。

世界上有很多美好的事情，只要心存感恩，不管面对什么问题，我们都能妥善解决。我想说，如果你觉得生命里的每扇门都关着，那请记住这句话：关上的门不一定上了锁，至少再过去推一推。不要只看过去，一定要看未来。笑着看未来，没有什么事情是我们解决不了的。你要相信，就算经历了望穿秋水的等待，你终会收获意想不到的惊喜。

我刚成为宠物营养师的时候，其实也很难，觉得工作很枯燥，每天要背很多知识，但对我而言，我能从中找到让自己开心的东西。开心最重要，每天都很开心，就能享受其中。同样地，做你喜欢做的事情，那么这个过程就被你赋予了意义。

不过我也目睹了很多"黑暗面"，一些商贩为了迎合某种审美，会在动物身上人为地制造所谓的"可爱"。在从事与宠物相关的工作时，我们不要人为地去迎合大众的审美，要多为动物着想。

为什么开始做自媒体

我开始运营自媒体账号，在很大程度上是因为这样可以让更多的人知道宠物营养师的工作，为这个行业的发展尽自己的绵薄之力。因为在线下的时候，我告诉别人要怎样做，很多时候会被反驳，对方甚至不会仔细听，这也导致很多喂养宠物的正确观点没有被普及。

在小红书上，我的介绍可以让更多的人看到宠物的需要，看到养宠物的方法。我热爱这个平台，所以愿意把我最真实的一面展现给大家。短视频平台的直接表达和输出，能让别人感受到你的热爱，所以是否用心和是否有感染力，决定了你的内容能否吸引人。我相信，你的用心，别人是可以感受到的。

很多人把宠物看作玩物，这是不对的。它们用心陪伴着我们，是我们的朋友，它们需要被看到，需要被呵护。宠物营养师就是在做宠物的家人、朋友，我们也希望所有人都能成为宠物的家人、朋友。这也是这份职业赋予我的使命感。

最后我想说，满地都是六便士的街上，有人看到了月亮。无论是想做宠物营养师还是对现在充满茫然，我都希望你去努力找寻自己喜欢做的事情，并为之付出努力。不必太纠结于当下，也不必过分忧虑未来，当你经历过一些事情后，你会发现，眼前的风景已经和从前不一样了。

我是鬼鬼，一个致力于一直陪伴小动物的宠物营养师。

★专业宠物营养师鬼鬼

一个致力于一直陪伴小动物的宠物营养师。

在动物保护协会见到太多需要被救助的动物，从而受到启蒙；因为狗的陪伴与救赎，坚定地选择帮助更多养宠物的家庭。

系统学习了宠物相关知识，取得了宠物营养师资格，在宠物领域持续深耕中。

有丰富的宠物喂养经验。作为一名宠物陪伴者，他希望更多的人了解宠物喂养知识，陪伴宠物，帮助每一个养宠物的家庭陪伴他们的宠物健康快乐地成长。

08

● 国家注册拍卖师郭心怡

举起双臂，为艺术叫价

我十分享受在艺术圈里被艺术品包围的氛围，哪怕过了 15 年，艺术品还是让我眉飞色舞。

拍卖对我来说是一个"小"意外

我从 MBA 毕业后，希望找一份能同时满足我对艺术的热爱和对商业的兴趣的工作，于是我在 2007 年决定加入佳士得。

当时我完全没有想过要成为一名拍卖师。在工作的第一年，无论我多么欣赏那些站在拍卖场上的拍卖师 —— 他们拥有充沛的体力、超凡的个人魅力以及快捷灵敏的反应，我依然没有任何想法要成为拍卖师。直到 2008 年，上司鼓励我参加拍卖师的培训项目。当时主持拍卖的大多是欧美各国的拍卖师。随着亚洲艺术市场的快速发展，佳士得便希望找一位中文流利的亚洲脸孔，来充当拍卖师这个角色，以此拉近与亚洲客户和观众的关系。我那时认为，就算培训后不能成为拍卖师，也能熟悉整个拍卖流程，这算是一次不错的机会，可是我仍然没有萌生要成为拍卖师的念头，因为我认为自己不喜欢也不擅长公开演讲。

开启拍卖生涯

此次培训是由佳士得全球拍卖培训师负责指导的，他带领我们从学习拍卖的基础规则到熟知整个拍卖流程。每周，我们都会组织一个例会，由6个同事围坐在一起练习。几个月后，我们的导师私下对我说："我认为你很有潜力成为一名优秀的拍卖师，你可以多花工夫在拍卖上。"这是我职业生涯中的一个重要转折点。受到导师极大的鼓励后，我第一次拥有了雄心壮志，想要成为一位专业的拍卖师。

但在当时，一位年轻的亚洲女性成为佳士得的拍卖师尚无先例。我也遇到过许多挑战和困难，首先要说服佳士得在中国香港的部门主管，使他有信心让我担任拍卖师。不过，我内心很清楚，部门主管肯定更希望由那些经验丰富的拍卖师负责拍卖。要指定一个在本地培养的新手拍卖师去主持一场拍卖会，有谁愿意充当这样的"小白鼠"呢？

因此，佳士得首先安排我到伦敦的南肯辛顿进行第一次拍卖。这里的小拍卖场出售的一般是价位较低的拍品。每周，我们都会举办各种拍卖活动，其中就有家具精品的拍卖，主要是拍卖英国庄园里的老家具、雕塑和画作等。我的首秀就是拍卖这类家具精品。尽管那些物品的价格均低于300英镑，但那次拍卖仍旧让我紧张不已，幸好我那天没有出现任何差错。当我走下拍卖台后，我感到自己的胃在翻滚，紧张得想呕吐。

后来，我回国，开始负责拍卖红酒和手表这类价格不算高的物品。在我的记忆里，即便拍品价格不高，我仍觉得能够参与其中乐趣无穷。毕竟，以前能够在拍卖台上"槌起槌落"的拍卖师，往往是比我年长的外籍男士，当我这样的年轻中国女孩走上拍卖台后，拍卖场节奏和基调的变化确实能让客户耳目一新。

激励我前进的动力

对我来说，拍卖生涯的开端似乎格外漫长。日复一日，年复一年，在负责了数年的红酒和手表拍卖后，我才被安排负责较高价格的艺术品拍卖。当我第一次负责中国书画的拍卖时，我突然意识到自己的中文表达能让这场拍卖变得如此不同。在这场拍卖中，很多客户不会说英语，所以，当我主动将目光投向他们，并用中文问"您愿意多加一口吗"的时候，他们受到了极大的鼓励，勇于再一次举牌喊价。

我第一次以高价拍出的作品是明朝画家周臣的《长江万里图》，画长 20 米。这幅画创作于明朝嘉靖乙未年（1535 年），曾是清朝乾隆皇帝和宣统皇帝的御览之宝，当时的估价为 800 万到 1000 万港元，但是随着叫喊的价格不断攀升，我突然意识到，我已经喊到了 3500 万港元、3800 万港元、4000 万港元……这一切都让我觉得不可思议！那些在日常培训时才能喊出来的数字，这一天竟然从我的嘴里冒出，我根本不敢相信这件事真的发生了。最后，这幅画以 4500 万港元落槌，加上佣金，最终的成交价为 5139 万港元。

回忆拍卖师执业资格考试

2014 年，我计划考取中国拍卖行业协会颁发的拍卖师执业资格。这段经历于我而言实在是极具挑战，也令我难以忘怀。我在中国香港长大，14 岁以后，便出国念书，中文水平一直停留在初中程度。为了准备这场考试，我制作了 1 万张抽认卡，勤学苦练，不停背诵。复习内容从艺术拍卖范畴到房地产、二手车甚至农产品等领域。幸运的是，2015 年，我成了一位新手母亲，有 6 个月的产假可以用来准备拍卖师资格考试。更让我激动不已的是，我竟然一次就通过了笔试。

笔试过后，就进入了面试环节。大家都认为这场考试对于我这种拍卖经验丰富的拍卖师来说，应该是非常简单的。但是，在我第一天参加拍卖师执业资格培训的时候，导师就提醒我："一定要将你在国外所学的一切知识忘记，学习正规的中国式拍卖。"我需要学习新的竞价阶梯、标准的拍卖手势和击槌前的术语要求等。就这样，在 2015 年 11 月，我终于通过了考试。2016 年 1 月，我兴奋不已地拿到了属于自己的《中华人民共和国拍卖师执业资格证书》。

为了考取资格证书，我足足花了 18 个月，从香港到北京来回跑了 4 趟。虽然过程是痛苦的，但我也通过这段经历认识了不少年轻的国内拍卖师，享受与他们共同学习的乐趣。终于，在 2016 年 9 月，我第一次站在佳士得上海拍卖场，进行了我在上海的第一次夜拍。

拍出佳士得在亚洲价格最高的拍品

2018 年的一次活动无疑创造了我职业生涯的高光时刻之一。我荣幸地代表佳士得执槌，高价卖出了宋代名家苏轼的水墨纸本画《木石图》，这幅画主要描绘了一株枯树残枝庄严地屹立在一块形状奇特的岩石旁边。这幅画还有宋代书法家米芾和其他名家的题跋。为了展示这件重要且珍贵的作品，我们策划了一场别出心裁的拍卖，名为"不凡——宋代美学一千年"。在这次拍卖会上，我们不仅展现了宋代的艺术珍品，还展示了体现宋代文人精神和审美情趣的作品。例如，有中国瓷器藏家心中的梦幻逸品——北宋汝窑天青釉茶盏；日本藏家珍藏的南宋龙泉粉青釉纸槌瓶；法籍华裔抽象艺术大师赵无极和中国当代水墨艺术家刘丹的画作等。当然，重中之重还是苏轼的《木石图》。

这次拍卖的《木石图》是佳士得香港有史以来最引人注目的拍品，因此，关于挑选哪位拍卖师委以重任，佳士得内部做了一番激烈的讨论。最后，我们的首席执行官做了决定：既然这是佳士得一件如此珍重的中国艺术品，那就交由一位中国拍卖师来负责，所以我倍感荣幸地获得了这次宝贵的机会。

这是我负责的价值最高的一件拍品，而且大家都明确知道这次拍卖将举世瞩目。那周，有两名资深的佳士得拍卖师飞到香港，协助我做计划和准备。我们经历过多次模拟拍卖、练习和交谈，并演练了在拍卖《木石图》的过程中可能出现的不同状况，譬如，如果有很多人在现场喊价，将会是怎样的情景；如果没有人出价，现场又该如何把控。此外，为了让拍卖更富有戏剧性，我还要练习在落槌之前举起双臂，在心里倒数10秒，才敲槌卖掉这件拍品。这10秒，是为了让所有观众都有机会拍照。最后，这幅画以4.636亿港元成交，至今仍是佳士得在亚洲拍出的价值最高的拍品。每次回忆起那个晚上的珍贵时刻，我都激动不已。

诞生于疫情中的"转折点"

新冠肺炎疫情改变了我们的一些行为习惯，与此同时，我们也在努力发现新的机会。在疫情暴发之前，佳士得每次举办大型拍卖会前，都会有一群同事从世界各地的办公室飞来香港以作支援。即使那时的我已经拥有10年的拍卖经验，但许多价格较高的拍品，包括重量级的夜拍，仍然会由伦敦和纽约的资深拍卖师负责。疫情暴发之后，海外的同事无法飞来香港，我突然间意识到自己成了香港最有经验的拍卖师。2020年，原本于5月举行的春季拍卖，被推迟到7月，整场春拍价格最高的那些拍品，几乎都是我来拍的。

但对我而言，最宝贵的机会莫过于2020年7月佳士得第一场现场直播接力拍卖会——"ONE：现当代全球联合夜拍"。突如其来的新冠肺炎疫情让大家的长途旅行受到了严重的限制，也打破了艺术市场的全球化状态。在此背景下，佳士得开展了新的拍卖模式，举办了一场横跨四个国际艺术市场中心——纽约、伦敦、巴黎和香港的直播拍卖会。这是一场备受艺术爱好者瞩目的拍卖会，也是疫情暴发以来第一场"重量级"拍卖会。负责这次拍卖的都是佳士得最资深的拍卖师，包括代表伦敦市场的佳士得全球总裁彭凯南（Jussi Pylkkanen，又译尤西·皮尔卡宁，曾以4.5亿美元的天价，卖出了文艺复兴大师达·芬奇的真迹《救世主》）、代表纽约市场的佳士得全球私人洽购部主管阿德里安·梅耶（Adrien Meyer）、代表法国市场的佳士得法国区总裁塞西尔·韦迪耶（Cecile Verdier），而我则作为中国香港市场的代表，与有荣焉，与他们共同主持这场拍卖会。这场拍卖会接力竞投了几小时，总成交额高达 4.21 亿美元，有逾 8 万名艺术爱好者收看直播。通过这次活动，我在国际艺坛上声名鹊起，获得了更多藏家的关注。

2020 年以来，我荣幸至极地落槌拍出了许多激动人心的拍品，包括我在 2021 年 5 月以 29.9 万美元成交的 Sakura Diamond，它是拍卖史上拍出的最大的艳彩紫粉红钻。另一个高光时刻是在 2021 年 12 月，我在一晚之内两度打破日本知名当代女艺术家草间弥生的作品拍卖纪录——以 800 万美元的价格拍出她 2013 年的画作《南瓜（LPASG）》，刷新了她的全球拍卖纪录；以 710 万美元拍出一座高 180 厘米的彩绘雕塑《南瓜》，成为当时最昂贵的草间弥生雕塑。

我非常高兴能够以佳士得首位华人女拍卖师的身份，推动大众深入了解拍卖师这个角色及其背后的工作和生活状态。正如我之前提到的，在我入行之初，不少人认为拍卖师只能由年长的欧美籍男性担任，但如今，佳士得香港分部拥有六七位拍卖师，中国女性占了大多数。同时，运营小红书账号也很鼓舞人心，在这里，我接触了大量年轻人，他们胸怀大志地向我倾诉：未来想成为一名拍卖师，要在艺术行业找到属于自己的位置。我对自己的事业抱有极大的激情，因此也很欣慰有越来越多的年轻人对此产生了浓厚的兴趣。

体验工作中的享受与挑战

我十分享受在艺术圈里被艺术品包围的氛围，哪怕过了 15 年，艺术品还是让我眉飞色舞。我喜欢在艺术品中不断深造，例如，总有新的艺术家吸引我认识和了解；又或者，我能够一次次赏析熟悉的艺术家不同时期的作品，感悟他们不同的艺术实践方式，通过每件具体的作品领会其背后的故事。

我也总是被变幻无穷的艺术市场吸引。艺术世界的品位潮流总是千变万化，艺术家们会在变幻莫测的市场喜好里被选中、被淘汰。有时候，得到学界认可的艺术品未必受宠于市场，博物馆认为有学术和精神价值的艺术品，也不一定被艺术市场青睐。

与此同时，我也深爱着在工作中遇到的人。无论才华横溢的同事、博学多才的专家，还是初来乍到的艺术爱好者，我们共同享受着艺术精品的匠心独运和盎然趣味。每逢我成功地帮助一位藏家买下他心驰神往的艺术品，并目睹这些画作悬挂在墙上时，我的内心总是丰盈与喜悦的。

作为一名拍卖师，我的确喜欢在拍卖台上体验各种戏剧性时刻。平时，我们所做的大部分工作是研究艺术，探寻艺术背后的故事，但每到拍卖的那一刻，我们就变身为施展技艺的演员，必须创造一种戏剧感。无论提前排演了多少次，拍卖现场总是会出现让我们意想不到的惊喜、意外和奇迹。

艺术拍卖让大家目睹拍卖师风采斐然的一面，深感格调高雅，但是雅致的背后，是披星戴月地工作的现实。虽然我们在工作中常会接触价值连城的拍品和一掷千金的藏家，但拍卖行所能利用的资源，似乎永远都不够，所以每个人都会卷起袖子来干活。工时特别长，长年累月，大家的工作压力都很大。而且，在一家坚持"顾客至上"宗旨的国际知名机构工作，我们对客户的承诺是"随传随到"。此外，艺术市场竞争异常激烈，在人才济济的拍卖行业工作，我们要经常调整自己的心态。

大胆起步，去成为一位耀眼的拍卖师

在很多国际知名的艺术拍卖行里，"拍卖师"都不是一份专职工作。大部分香港地区的拍卖师只需要负责一年两次的拍卖——春拍和秋拍。哪怕在拍卖活动全年不间断的地方——纽约、巴黎或伦敦，拍卖的工作都是有限的，一周站在拍卖台上工作 6 ~ 8 小时，而在其他日子里，拍卖师也会负责各种日常业务，保障拍卖行的正常运营。

因此，如果你想成为一名拍卖师，就要认真对待拍卖行的所有日常工作。你将花数天、数周、数月的时间，完成常规工作，才有机会得到数小时站在拍卖台上拿起木槌的机会。在佳士得工作的 15 年内，我不仅领导了亚洲佳士得美术学院多年，还花了数年时间担任"二十及二十一世纪艺术部"董事，协助客户买卖艺术品。

当我们为拍卖行的入门级职位做招聘时，想找的一般是那些善于沟通、注重细节，善于在快节奏、高压力环境下工作的人才。如果他拥有艺术史学位和相关经验，当然更理想，但这也不是必需的。在拍卖行工作，你会接受内部的拍卖师培训。经验丰富的拍卖师负责培训学员，他们会观察这批学员，看看哪些人具备踏上拍卖台的潜力。

在中国香港，要成为一名拍卖师，并不需要由任何官方机构颁布的拍卖执照，只需要接受拍卖行的内部培训并获得拍卖行的许可。在中国内地，想成为一名拍卖师，就需要参加中国拍卖行业协会组织的培训课程和每年秋季举办的全国性考试。

此外，我想澄清的一点是，除了艺术品拍卖，还有很多拍卖师会负责房地产、农产品等领域的拍卖。这些拍卖与艺术品拍卖有很大的区别，我对它们的了解并不多。但值得一提的是，获得《中华人民共和国拍卖师执业资格证书》后，你也有资格负责这类拍卖。实际上，我所描述的是关于艺术品拍卖师的职业生涯，这可能与其他领域拍卖师的经历大相径庭。

艺术品拍卖师的职业生涯与艺术市场其他工作之间的联系，可能比大家想象的还要密切。因此，有些著名的艺术品拍卖师离开拍卖行后，会放弃拍卖师这个角色。有些人会成为非常成功的艺术顾问或艺术品经销商，比如之前供职于苏富比拍卖行的托拜厄斯·迈尔（Tobias Meyer），他曾拍出许多高价艺术品，现在是一名非常成功的艺术顾问。

与之相似，我最近也离开了佳士得，加入豪瑟沃斯（Hauser & Wirth），担任亚洲区管理合伙人。国际顶级当代艺术画廊豪瑟沃斯于

1992年在苏黎世成立，截至目前，已在伦敦、纽约、洛杉矶、萨默塞特郡、圣莫里茨、格施塔德、梅诺卡岛、摩纳哥城以及我国香港等地设立了分支机构。尽管我很喜欢在佳士得的工作，并在那里奋斗了15年，但我期待自己能够继续在艺术领域乘风破浪，迎接全新的挑战。春去秋来，我在拍卖行的时光就要告一段落了，我渴望为自己的事业发展和生活状态书写全新的篇章。因此，在思考应该如何书写职业生涯的下一篇章时，我不再考虑成为其他领域的拍卖师，而是选择开启崭新的商业艺术之路。

从一定程度而言，拍卖行和画廊的工作内容有一部分是相似的。例如，二者都需要从业者怀抱对艺术的热忱、拥有敏锐的商业触觉；都致力于向更广泛的观众普及和分享艺术；会与相似的藏家群体和高净值人群打交道。

它们也有迥然不同的地方。即便我没有太多的画廊工作经验，但我仍憧憬与艺术家有更密切的合作。我在拍卖行工作时，需要关注广泛的艺术家和艺术类别，因为我们的拍品可能来自数百位艺术家。而在豪瑟沃斯，我必须专注于推广画廊旗下的90多位艺术家，我也期待能够深度探索每一位艺术家的故事和市场价值；我也对一级市场背后的一切感到好奇，愿意探索艺术博览会的运作方式。

拍卖师应具备哪些特质

拍卖师的入门基础是对数字有一定的敏感度，譬如能应付竞价阶梯、底价、书面委托竞投等不同的竞价方式；说话要清晰有条理，最好能够使用不同的语言，服务不同地区的客户。与此同时，拍卖师还需要在压力极大的状态下保持随机应变的态度和独立思考的能力，因为当你站在拍卖台上时，任何事情都有可能发生，拍卖师需要保持冷静并把握拍卖节奏。

要想成为一名优秀的拍卖师，需要具备更多的能力。在某些关键时刻，一名成功的拍卖师也是一名优秀的销售员，要鼓励客户继续竞投。另外，资深的拍卖师还擅长掌控拍卖节奏——节奏太快，可能会忽略客户的报价；节奏太慢，又会让客户丧失对拍卖的持续力和关注力。拍卖也是一场表演，拍卖师需要具备一定的人格魅力，懂得如何吸引观众。

描述拍卖师的典型一天

在拍卖行工作的人都身兼数职。工作千变万化，很难定义自己典型的一天。拍卖行的工作一般以 6 个月为一个周期。佳士得的拍卖会分为春拍和秋拍，春拍在每年的 5 月底进行，秋拍在每年的 11 月底进行。以春拍为例，我们会在上个拍卖季结束后的 3 个月内，也就是 12 月到次年 2 月间，进行征件工作。在此期间，我们既会协助拍卖行去找适合的拍品，也会与不同的收藏家、画商、古董商谈收件事宜，还要负责估价、筛选拍品、策划等工作。

到了 3 月和 4 月，我们大约会花 6 周的时间进行拍卖图录的编制工作。在这段日子里，我们要做测量、拍摄和撰写图录等相关工作。在这个过程中，我们会对艺术品进行背景研究，了解拍品来源，完善品相报告等。在拍卖图录完成后，4 月中旬到 5 月，我们会与各类媒体合作，为新一季的拍品做市场推广，并依靠新闻稿在社会上进行宣传。我们也会在世界各地进行巡回展览，举办不同类型的活动、讲座、鸡尾酒会及晚宴等，目的是加深新藏家对佳士得的了解，取得他们的关注。

5 月的最后一周，就是我们的拍卖周，我们会在香港会议展览中心举办预展。我们会花 2 ~ 3 天的时间做现场布展，光是近现代艺术这一类别，我们就要摆设大约 400 件艺术品。然后，我们会邀请世界各地的藏家来看我们的预展。尽管很多藏家在观展前就已经收到由我们寄出的图录和消息，但是没有什么比让热爱艺术的他们亲临预展现场、亲自感受艺术品的魅力更让其心动。

拍卖当天的早上，我们团队会开会讨论每一件拍品，沟通哪些拍品最有人气，还有哪些工作要跟进。之后，我们就会开始联系客户，确认投标及其他书面工作。由于夜拍都会持续到很晚，这对拍卖师体力的要求非常高，所以，我也会尽量回家小睡一会儿。至于准备工作，我会提前整理好我的笔记，写下我们有可能打破哪些艺术家的拍卖纪录，以便在拍卖现场对外宣布这些数据。同时，我还要预留足够的时间来化妆。一切妥当后，我们还会组织一个"最后的拍卖师会议"，来确保所有细节都已经落实。之后，拍卖会就正式开幕了。

拍卖结束后，我们会安排新闻稿和宣传稿，还会与幸运买家沟通，处理付款、运输和装帧的相关事项。

这一切工作，在每个拍卖季都会循环上演。

★郭心怡

一位拥有近20年经验的艺术专家，一位活跃于世界各地且持有《中华人民共和国拍卖师执业资格证书》的拍卖师。在佳士得工作近15年，2010年成为国际拍卖平台上首位亚洲女拍卖师，拍卖足迹遍布香港、上海、纽约和伦敦。

2022年盛夏，郭心怡加入豪瑟沃斯担任亚洲区管理合伙人。富有国际视野的豪瑟沃斯在全球十余地设立了机构，代理逾90位艺术家及其艺术资产。

持有哈佛大学学士学位、伦敦大学亚非学院硕士学位，斯坦福大学商学院工商管理硕士。

09

● **插画师饭煮豪**

笔尖上的梦想

———————

自由不是想做什么就做什么，而是你不想做什么，就可以不做什么。

越努力，越幸运

毕业后，在迷茫中慢慢探索，从接 30 元的零星小单到与国际品牌合作并出书，我都做了什么？在这里，我想分享我的故事给你听，原来普通人真的"越努力，越幸运"。

我进入社会的第一份工作，其实并没有认真规划。我在大学期间学的专业是动漫设计，毕业后处于迷茫期的我得知一位同班同学去了一家公司做平面设计，那是一家专营内衣的小型电商公司，于是我也跟风去了那里。不用简历，也没有面试官，经过简单的上机"笔试"后，我就被录用了。

虽然不知道自己喜欢什么，但我知道自己不喜欢什么。于是我在那里只待了 7 天就离开了。

身边的朋友、同学纷纷找到了心仪的工作，没有做好准备正式步入社会的我选择回老家接单，开始做自由职业。一次，我无意间看到一本杂志里有一些配图插画，看到上面标注了"插画师"3个字，我很好奇，上网搜索后了解了一些插画师的生活和工作方式，看到他们能把兴趣变成工作，这让我对这个职业十分向往。我默默地告诉自己，要做一名自由插画师，按自己喜欢的方式去生活。

梦想很饱满，但现实有时很骨感。摆在我面前的第一道难题就是不知怎么入行。身边并没有人从事这一行，所以我只能上网看一些插画师的微博，希望了解与这个职业有关的更多信息。我发现他们大多有自己的画风，在日常生活中也经常画画。了解这些后，我充满斗志地拿起了画笔，想试着画点什么，但很快遇到了问题，比如：我的风格是什么？我能画什么？我要如何通过画画获得收入？这些问题让还没起步的我陷入了焦虑。

万事开头难

《搭车去柏林》中有这样一句话："如果你真的想做一件事，全世界都会帮助你。"

在我十分失落的时候，一位朋友问我，能不能帮他画一张肖像画。当时我并不知道，原来可以通过帮别人画头像获得收入。那张画我收了30元，这也是我从事自由职业以来的第一笔收入。我把画好的画发到朋友圈和QQ空间，想不到其他朋友也想让我画。为了增加收入，我增加了素描和水彩等风格。

那时有许多人在淘宝开店卖衣服，我就想：画能不能也在淘宝卖？于是在2013年8月，我开了一家淘宝店。在熟人请我画头像时，直接给链接让他去拍也免去了报价的尴尬。

那时，开淘宝店还是比较新潮的，我主要在淘宝接头像插画的订单。开店后的一周里，每天都有陌生人找我画画。开店2年后，有一次我翻看后台的成交数据，发现有233次交易成功，总收入53000多元，平均每个月也有2200元。

之前就听说自由职业前期收入不高，但我没想到竟然这么低。头像订单虽然常有，但单价并不高，而画一张画至少要1~2小时，投入产出很不平衡。除了经营淘宝店，遇上寒暑假，我也会去画室做兼职老师，不过，收入也不是很高。汇总核算一下，毕业后一年，选择自由职业的我，每月的工资只有2500多元。

为了增加收入，我也参加一些有奖金的比赛。我用我的毕业作品投稿参赛，竟然获得了香港原创漫画新星大赛的季军，奖金3000港元。

当然，不是每一次投稿都那么幸运。比如某个奖金一万元的微信表情包征集大赛，我熬夜做了一套表情包，结果都没有入围；再比如站酷网举办的"众生丸卡通形象设计大赛"，我同样花了很多心思准备，也没有入围。

走起来更难

虽然我的工作重心在淘宝店上，前期有不少约稿，但这样的方式除了要投入比较多的时间，收入也很不稳定，加上后来淘宝上出现了很多同类店铺，我不得不再一次思考往后的路要怎么走。

在没有订单的时候，我决定花时间整理之前的订单，这些其实都有二次利用的价值——把它们发布到各类平台上，比如站酷、简书、微博等，就有机会得到曝光。另外，我会发布一些自己的原创作品，有一个叶子系列的主题插画，就是受小学自然课的启发。我用水彩画了几片叶子，用Photoshop进行设计，把叶子排版重组，变成各种动物和物品。想不到这次尝试让我接到了当时比较大的一笔订单。

那是要画一张巴黎手绘地图，要求是将巴黎的景点都画下来，再添加街道场景。这幅图一共要画100多个建筑。这让我很开心，毕竟这一单相当于一下子接了上百个头像订单。

老家没有像样的工作台，我就学着网上看到的插画师工作台，在我妈用过的破旧缝纫机上加了块木板，工作桌就完成了。房间里光线不好，我就在客厅工作。当时我用的是一台老旧的笔记本电脑，性能不好，有色差，也很卡，这给那项任务带来了很大的阻力。

因为色差，我每次都要把画稿扫描后调色，然后放到手机里看颜色。100多个建筑，每一个都要绘制、扫描、校色，然后排版、画街道、添加陪衬物，这些都要在一个月内做完。在加班加点的情况下，我总算顺利通过了验收，拿到了8000元的稿费，但我的身体也被透支了。压力过大，我的呼吸开始不顺，胸口还会发痛。我爸连夜带我去看急诊，在县医院过了一晚，第二天又去市医院做全身检查，可都查不出毛病。最后医生怀疑是心理问题，认为是植物神经紊乱[①]。

压力大、社交恐惧、家人担心，这让我很不好受，觉得自己做得不好。我开始想改变。我知道只有走出去，才可以调节好自己。于是，我就这样结束了第一次自由职业的体验。

笔尖上的女神

机缘巧合下，我加入一家互联网公司，做全职插画师。那是校友创办的公司，叫作"超级课程表"。没有正式加入这个团队时，我就通过接单的方式先和他们达成了合作，后来他们问我有没有意向做全职插画师，想快点融入人群的我很快就答应了，第二天便收拾行李从老家去了广州。早上的车，中午就到了广州，我直奔公司面试。很多决定，就是要遵循自己的内心，然后迅速行动。那时的我，需要的不是

---

① 自主神经系统（植物性神经系统）的平衡被打破时，人体便会出现各种各样的功能障碍，这被称为植物神经紊乱或植物神经失调症，这种症状主要是由心理因素引起的，比如学习紧张、工作压力大、家庭负担重等。——编者注

稳定，而是丰富的体验，所以，"想了就做"成为深埋在我心里的指引。

在年轻的公司，我学到了很多新鲜的东西，认识了很多朋友。工作9个月后，内心还是有一股躁动。我从网上知道了义工旅行，这种不用花很多钱就可以体验全新生活的方式很吸引我，于是我决定遵从自己内心，去远方追梦。

结束在云南的义工旅行后，我更有勇气去选择自己喜欢的生活方式了。

有朋友问我能不能教画画，但我当时没有多余的钱去租场地，于是对出租屋进行了改造，刷白了墙壁，买了一些绿植，画了挂画，花费2000元左右搞定了场地。开课的时间定在周末。这样，我过上了一个月工作8天、月收入3万元的生活。环境改善后，我的生活也变得更自律了，我不再将就和懒散，开始自己做饭，用空余时间画画，再一次开始寻找个人风格。

我在设计网站Behance上看国外插画师的作品，了解时尚插画的风格。那些简约、时尚且富有个性的作品十分吸引我。我开始去了解时尚品牌，看秀场视频和后台照片。就是在那时，我听着音乐创作出了第一幅时尚插画。

后来，我陆续创作了更多同类型的作品，其中一幅女王画像算是我的代表作，很多人用它做头像。时不时就有朋友发来照片说"又看到你这幅画了"。

我将这一时期的作品发布在站酷网上，我花了很多心思呈现自己的作品，比如页面展示更加考究、添加个人标志和签名等。

通过搜索关键词，我知道了"穿针引线网"这类垂直的服装设计论坛网站，它们也接受投稿。与站酷网相比，这类平台上的手绘作品更容易得到曝光和推荐，我每次上传的作品基本都可以上热门，甚至上了很多次首页推荐。我建议大家前期多平台发布自己的作品，找一个"主战场"，最好可以成为这个"主战场"前几名的创作者。

在穿针引线网上发布作品让我得以被编辑发现，收到了出书的邀请。经过一年的编著，我完成了《笔尖上的女神》这本书，出版后持续加印 13 次，后来被引入港台地区，出版了繁体中文版。书里有十分细致的时尚插画手绘技法，很多读者因为这本书学会了画人像，这让我很欣慰。

我的一些画稿也被收录在《时尚视觉盛宴》系列图书中，同时被收录在内的还有很多国内外优秀创作者的作品，我也接受了专访，这让我感到非常荣幸和开心，感到付出终究是会有回报的。

出书后，我的作品被国际品牌的客户主管看到，他们邀请我去现场为客人画像。我的认真付出也得到了品牌方的认可，我也成为宝格丽的插画师，同时与众多品牌合作，收入也变得越来越多。我有了更多的时间去尝试更多的可能性，同时提升自己。

同时，在站酷网上，也有人找我合作，我与一些艺人的合作就是在站酷网上达成的。

自己的工作室

2017 年，为了给学员提供更好的环境，也为了实现自己的梦想——拥有个人工作室，我把画室从出租屋搬了出来，在广州一个创意园区租了一栋独立小楼。

自己设计，找朋友装修，我在广州有了自己的工作室——自手作工作室。经过一年的摸索和建设，我请了老师来讲课，而我退到后台去经营画室。我的认真付出让更多人学会了画画，体会到画画带来的幸福感，也保证了稳定的现金流。"利他"是我创业的初心，以让别人得到益处为前提，你自然会得到收入，这就是双赢。

总结下来，插画师这一职业在国内正在迅速崛起，越来越多的人知道了插画师，越来越多的公司有了插画外包的需求，我明显感觉到现在插画这一行业的体量比我入行时更大了。想进入这一行业，首先要会画画，这是入行的基础，另外也需要掌握相关软件，了解个人品牌建设等工作，这样才能让自己在插画师的路上走得更远、更顺。

分享一些经验

在公司做全职插画师和做自由插画师接单的经历我都有过。全职插画师有几个好处：一是收入稳定；二是能从公司这个集体中学习跨部门技能；三是能紧贴流行文化和热点。刚毕业的人可以选择去公司做全职插画师积累经验，这样还可以积累潜在客户（我和很多同行交流过，从事自由职业后，前期的大多订单来自旧同事的介绍）。对自由插画师来说，我给大家整理了一些干货，希望能帮助想要了解这个行业的你。

（1）有技能。

自由职业的基础逻辑就是有个技能可以变现。如果你还不具备某种技能，就先想想你的兴趣爱好是什么。是画画、化妆、摄影还是看书？我有个朋友，曾经在公司做行政前台的工作，在参加公司年会时，不懂化妆的她很随意地去了现场，结果发现很多人都精心打扮了自己，而她显得格格不入。此后，她决定好好学习化妆。她报了班，下班后非常认真地去上课。因为是在做自己感兴趣的事情，她动力十足。功夫不负有心人，她的化妆技术在不断练习中得到了提升。当她能接到订单后，她选择了离职。现在，她和众多美妆品牌合作，成为自由化妆师，真正把兴趣变成了工作。如果你还没有技能，就先培养一项自己感兴趣的爱好吧。

（2）有存款。

在公司上班时，不要做"月光族"，更不要超前消费，存点钱给自己做后路。只有这样，当你想要离职去做一些事情时，你才有原始资金。我就是用7万元存款改造了工作室，同时做美术培训。目前，我也有稳定的存款，这让我可以在追梦的路上稳步前进。决定做自由职业者前，至少预留半年的生活资金，半年内允许自己在喜欢的事情上寻找方向而不受经济条件的限制。

（3）懂得延迟满足。

我拜访过一位生意做得很成功的前辈，他问了我一个问题："假如你月入2万元，一个人最有精力工作的黄金时间大致在25～40岁这15年间，那么你算一下一共有多少钱？"我发现，即便排除全部可能影响收入的情况，15年有360万元。这比我想象的少很多。15年的努力，在月薪2万元的情况下，除去日常开销，最后剩下的钱非常少。

所以，上班时要尽可能积累资金、经验和资源，同时多花点时间想想自己的梦想，只有这样，你上班时的积累才会为自己的梦想铺路。避免"月光"、透支消费是基础，你更要提升自己，让自己多些选择。就像白岩松老师说的："30岁之前，要拼命做加法；30岁之后，要懂得做减法。"

年轻时，多体验、多折腾的勇气要有！过早地追求安稳、舒适，有时反而会让人陷入迷茫。延迟满足更容易获得长久的幸福。

（4）有长远的规划。

这里推荐《富爸爸穷爸爸》一书介绍的理论。公司雇员（E）和自由职业者（S）始终是在出卖自己的时间赚钱。如果有机会，我们可以多学习商业知识，往企业主（B）的方向靠拢，建立自己的商业系统。

目前，我就在朝这个方向努力。

不用羡慕别人的梦想。每个人喜欢的样子，必定是五花八门的。

记得照顾好那个你喜欢的样子。

★ **饭老师教画画**

本名方梓豪，中国知名时尚插画师，宝格丽插画师，跨界设计师，华纳唱片签约设计师。

2017 年出版畅销手绘教程《笔尖上的女神》，部分作品收录于《时尚视觉盛宴》等系列图书。与宝格丽、菲拉格慕、脉动、辉柏嘉、力士、何方珠宝、雅居乐等品牌合作。为袁娅维设计《阿楚姑娘》EP 封面，为田朴珺《那些钱解决不了的事》绘制时尚插画。

10

● 收纳设计师万万
收纳最美好的生活

接近自己的梦想，哪怕只近了一点点，也是在靠近成功一点点。

让孩子、老人跟着你搬家 8 次是种什么样的体验

很多人喜欢通过旅行去了解自己身处的世界是什么样子的，我则喜欢通过搬家、收纳去了解在不同的生活下我是一个什么样的人。

周国平说："事业就是在这个领域里发挥你最大的能力，如果有特殊的禀赋那是更好的。"

一旦你找到了比工作更有意义或你更热爱的事，一定要观察它，呵护它，锻炼它，可别让它丢了。热爱会让你容易感动，这些感动是最好的线索，让你顺藤摸瓜地找到最真实的你。而这份热爱，值得你赌上人生。

在真正做收纳博主前，我是个特别平凡的人，努力学习，考大学，工作，结婚，生小孩，装修房子。第一次让朋友感到好奇和意外的是我从苏州搬家到无锡的经历。在他们的认知里，搬家一般是家属工作

变动、子女随迁搬去另一个城市，是不得已而为之，而我们搬家的理由仅仅是想换个城市生活。朋友纷纷打来电话劝阻："苏州这么好，你们搬走可不要后悔呀！"

这是我第一次获得"有勇气"这个评价。勇气、好奇心，似乎只应该存在于小孩子的世界里。当一个成年人拥有了勇气和好奇心的时候，周围的人会感到震撼和不可思议。

更不可思议的是，我一共搬了8次家，这次暑假计划搬第9次家。

我第7次搬家的目的地，是一套位于深圳、106平方米的毛坯房。我自己设计了整套房子的水电、基础装修和收纳体系。万勇是广州一家非常出名的日式装修公司的设计师，在行家面前我一点儿也不露怯，所以他很佩服我的勇气——一个学经济学、工作和家装没有任何关联的人，竟然自称是中国第一位收纳设计师。

所以说，有勇气，保持好奇心，像你对孩子那般保护自己，你更容易看到不一样的世界。

如果时光倒流，回到10年前

如果时光倒流，回到10年前，我想对那时的自己说："无论未来你会有哪些身份，会遇到多少人，请你保护好自己的好奇心，去探索自己是一个怎样的人，不要停下来，同时保持善良。"

当我们面对一种约定俗成的观点时，比如"搬家真是太累了""养孩子真的太难了"，或者是人云亦云的说法"直播真是太挣钱了"，一定要抱持一种怀疑的态度，不要自己吓自己。很多时候，我们只需要换个角度去思考，世界没变，但我们变得幸福多了。

比如搬家，如果事前做好功课，像对待一个项目一样慢慢进行，就不会感到烦躁。感到累的话叫上一些帮手，也是一件有意思的事情。搬家是迎接人生新阶段的一种很实惠的方式，我们要珍惜每次搬家的经历。

如果感到养孩子很难，就换个角度去想，我们是在跟他们的童心学习，他们每句充满好奇的提问、每个天真无邪的表情，都是非常难得的宝贝。养孩子这件事，让我觉得内心很富足。

创业，让一个人成长飞快

距 2019 年 7 月辞职创业，已经过去 3 年多了。

在这个过程中，我有过很多次转变，可能自由职业就是一个需要不断调整职业方向的工作形式。

我将从职业发展历程和心情两个方面来描述这些转变，自我总结的同时也希望给走类似路的朋友一些参考。

我从事自由职业的初衷是发现当时的工作挑战有余但激情不足，我想尝试一下把自己喜欢的事情变成工作会是什么样的体验。

这个想法大概持续了一年的时间，这是个很艰难的决定，在这个过程中，我不断地确认离职创业是不是我真正想要的生活，我得到了先生和父母的支持。一些很重要的朋友，也是创业多年的朋友，给了我做出最终决断的鼓励："我觉得你天生就是要创业的人，在公司上班已经不再适合你了。"于是，我就辞职了。在面临重大选择时，听各种人的意见，做自己的决定，然后坚定不移地走下去。

目前，我非常确信自己走了一条正确的路。创业确实非常适合我。

2019 年 9 月，我拿到深圳的毛坯房后就开始装修。在此之前，我在附近租了一个一室一厅，画设计图画了 3 个月。

那个时候我也把自己当成一个创业者的角色，在做一套收纳设计作品，这个作品就是自己的房子。

我经常画图画到凌晨 3 点还很兴奋，所以我觉得自己是喜欢给别人设计房子的。

通过研究房子里的人对美好生活的向往，我把他们的想法一点点变成现实，特别是把目前房子无法解决的问题，统统在新房子里解决；把目前没有发现的美好生活方式，在新房子里提升和放大。

2020 年 2 月，春节期间，我们正式入住新家。当时，婆婆在帮我照顾小孩，所以新房子里起初只有我、婆婆和儿子三个人。

这段时间，除了设计房子，我也注册了一个个人公众号，写写与收纳相关的文章，大概一个星期更新一篇。而这期间，我一直没有收入。

当时，我不知道我从事的就是自媒体工作，也对个人 IP 这些词一无所知。我的朋友圈里还是以前工作时认识的那些人，而我面对的工作领域对我来说是全新的，所以我走的每一步都很慢。没有收入，只有消费，经济压力很大，好在我提前考虑到了这些，所以自由程度还是比较好的。

有自由度，有思考的时间，这在创业之初是非常重要的，所以，即使那段时间很辛苦，但现在回忆起来好像一点都不痛苦，就觉得是平常的状态。

2020 年 4 月，我把自己的房子的装修日记上传到个人公众号和好好住平台，一下子得到了很多关注。有一些官方平台也来采访我，比如住范儿、好好住等。我不知道得到关注意味着什么，就当是交流。这个时候，我开始思考盈利的事情。

我接到的第一个订单是给客户设计房子，主要是做收纳设计相关的工作。朋友们建议我与一些软装公司合作，我负责收纳设计，他们负责软装。但这条听上去很简单的路对我来说很难，因为我不知道怎么与心仪的公司去谈。我走了一些弯路，最后没有成功。

有一个插曲，一个软装公司的负责人找到我，想跟我合作为他的客户设计房屋装修方案。他看过我深圳的房子，对里面的人文关怀和设计理念很认同，所以他提出单独付费给我，请我帮忙为客户的房子做收纳设计。

那段时间我很开心，有人主动给我机会设计，这算是非常幸运的事情了，也给了我很大的信心。

不过这次合作最后没有成功，很遗憾。

第一个原因是这位负责人带我见了他的客户，因为在收纳设计前需要了解客户的需求。我想只有多了解客户，才能设计出让她满意的房子。可见面后，我们在一些基础问题上聊得很不顺利，比如房子未来会有多少人住，客户觉得这侵犯了她的隐私，不太愿意多聊。后来我问她衣帽间如何设计，我希望设计得更加合理。我问她长款衣服多吗？比如长裙、大衣之类的（如果长款衣服不多，我可以安排更多空间给其他服饰）。可是，她觉得这也涉及隐私，不愿意聊。

公司的意思是让我按照常规来设计就好，不用过分在意个性化需求。负责人也表示，他很看好这个新兴行业，希望我继续设计下去。但这与我做这份工作的初心相矛盾，所以我当时非常纠结。这位客户有一套别墅和一套大平层需要设计，完整的设计需要耗费近一年的时间。若这段时间没有任何沟通，我不知道自己能否坚持下去。

第二个原因是客户在珠海，我在深圳，每次往返要在路上堵 8 小时左右，这让我有些犹豫。

经过权衡，我拒绝了这个很好的合作机会。

2021 年 8 月，我从深圳来到南京。2022 年，我接手了一个近 1000 平方米的别墅收纳设计项目，并保持一定数量的上门收纳咨询。虽然经济上没有很好的成绩，但我对这个行业有了很多独特的体会。

我觉得收纳设计是一份可以靠积累阅历和生活经验来胜任的职业，是一个 30 多岁的女性具备特有优势的职业，所以我对这份事业充满感激，也怀有敬畏之心。

但我不太建议刚入社会的年轻人从事这个行业，因为家的整理不仅是整理物品本身，还要理解家庭背后的各种关系，以及人、空间和物品之间的关系。有时候我们不仅要理解，还要擅长处理。所以这份工作需要有生活阅历的人来做。

这是一个很新的行业，充满未知数，我采取多经营路线来养活自己和团队。光靠收纳设计和上门收纳这两项服务很难养活自己和团队，所以我们也会提供一些销售商品的增值服务。

行业培训是件让人又爱又恨的事，它可以让很多人了解收纳的知识，但它没有办法解决从业者如何养活自己的问题，所以即使有很多人希望我提供收纳培训，但我没有行动。

我对收纳培训的理解

目前，收纳设计在国内还处于野蛮生长阶段，盈利主要以培训为主。

当一个行业的盈利以培训为主、实践为辅的时候，基本上可以判断这个行业发展得并不健康。我们来思考以下几个问题。

第一，培训的收费是否合理？

有一些培训是个人组织的，有一些是公司运营的，根据培训时间定价。

第二，培训的机构是否正规？是否能学到东西？

我注意到市场上很多培训内容过于雷同，好多知识其实在书里可以免费学习。收纳培训课程更适合学以致用的人或设计行业从业者学习，实战经验更多靠自己日积月累地在家尝试、学习。

第三，花一万多元在机构学习后能否马上上岗？

很多人问，做这种工作是否需要证书？其实证书不是必需的。证书只是证明你学过收纳的一部分知识，能不能做，从你跟客户的聊天中就能看出来。你是否灵活，你是否有临场应变能力，是否善于沟通，这不是证书能完全证明的东西。更重要的是，这个行业非常依赖转介绍和宣传，所以你需要一些真实的作品让别人知道你的收纳功底。

第四，为什么花钱接受培训后还是没有办法上门收纳？

我在培训机构学习的时候，发现很多同学学过之后仍然收拾不好自己家，这是因为收纳知识在传递的时候大多动用的是二元化思维：遇到问题，解决问题，三步走，四步练习。

而真实的世界是多元的，涉及家里的老人、夫妻关系、繁忙的工作、主人的购物习惯、房子的格局以及孩子的成长，这些内容可能很多培训老师都没有掌握，又怎么能教给你呢？

这就是为什么培训机构培训了大量学员，但这些学员在真实客户那里总是遇到瓶颈，无法落地。

还有一个原因阻碍了上门收纳在国内的发展，那就是客户对价格敏感。

不少客户希望用家政式收纳的钱享受定制化收纳服务，因为他们不确定价格和服务价值是否对等。不信任也会造成行业发展不健康——价格低、订单不稳定、锻炼摸索的机会比较少。

很多人问我："你这么会收纳，是机构教得好吗？"并不是。我可能天生就是吃这碗饭的。在读大学的时候，朋友们就发现我对物品的摆放有独特的要求。后面通过看各种有关收纳的图书，我在大学毕业后的 11 年间，搬家 8 次，装修 5 次，上门收纳多次，积攒了很多改造和收纳的实战经验。另外，我还对婚姻和育儿问题进行了多年的学习，也有上百次婚姻咨询经验。所谓"一通百通"，收纳对我来说是打开新世界大门的密钥。我希望可以通过收纳设计，帮助更多 30 多岁的女性领悟生活的快乐，帮助更多需要收纳的家庭，让这个行业健康发展。

成为现在的我

懂得很多知识后，会分享和会使用也是很重要的事，这会让你更加坚信所做之事是有意义的。

我是比较容易感动的人，发生了很多事情后，我成为现在的我。

有好几年的时间，我跟 100 多个朋友进行了深度沟通，倾听他们的婚姻困惑，试着帮他们疏导，共同探索如何自处，如何看待对方。那段经历对我影响很大。

成为收纳博主的头两年，拍摄和写文案占用了我很多精力，抽空给几个闺蜜收拾房间也让我觉得意义重大—— 一次收纳，也许可以改变他们全家的生活方式。

爱乱放东西的小孩竟然也知道空间大的书桌更有利于好好学习；不爱整理的先生竟然也会觉得家里乱了不舒服，要主动"断舍离"；我的闺密更是买任何东西时都会想到我，我告诉她要物尽其用，一步到位。

十几年的衣柜收纳困惑，通过我三四小时的沟通，发生了翻天覆地的变化。这对我来说，印象深刻。

将这些心得迁移到职场中就是，要保持善念，保持善心，做更长远的规划，不要被眼前的诱惑吸引，从而走向极端。

很多有意义的事情，也许没有很大的经济收益，但它们能让你活得有价值。

看得见的资金支持和看不见的人际关系资源都是财富，只是后者比较隐蔽罢了。

在我的创业之路上，我要特别感谢一个人，我的闺密，娟。

她说："如果有一天，你看任何人都觉得很可爱，那么你在做任何事情的时候都会很简单。"她对我的影响很大，她的觉悟在我之上。当我真正明白这句话的时候，真的就像她说的那样，眼前的人是如此可爱，我看到了他的表情、他的话语、他的生气、他的无奈，而与之共事也就轻松多了。

看重这个世界的声音，把对方当成可爱的人，同时坚持做自己，去接触新的事物，用心去学习，你会发现，每一年，每个月，每个星期，都让人期待。

说说我最近经历的一件有趣的事吧。有个朋友最近在装修，据说设计公司给她安排了一个最好的设计师，可是这个设计师被她搞得焦头烂额，头发都掉了好多。我问她："你对人家做了什么，让人家都掉头发了？"她说她就是针对他的设计方案不断提问："为什么要这么设计呢？这样拿东西方便吗？"

设计师说她懂的太多了。大家都想把丑的生活物品挡起来，所以习惯用定制的柜子挡住。我的朋友回复了一句："可是，如果我的生活物品本身都很好看，是精心挑选的，为什么不能露在外面呢？"她偷偷对我说："也不是我懂的多，我就是按照你的方法，想象自己从玄关进来，脱鞋，放包，再到房子里的每一处，我想象自己是怎样生活的，对此提出相关问题而已。"

如果所有人都像我的朋友一样，从生活的角度出发向设计师提问，也许就不会出现生活物品堆在地上这种奇怪的事情了。

如何从职场中获得乐趣、意义感？找到热爱的事情，而非仅仅为了生存。

我就找到了自己真正热爱的事情。我的工作需要与大量的客户接触，在接触的过程中，我喜欢聊工作以外的事情。工作本身是很容易上手的，日复一日，千篇一律，但如果在必要的接触中多一些生活上的沟通，为对方提供帮助，那么工作会变得更有意义。

如果你跟我一样，有创业的想法，你可以找一段时间作为"斜杠时期"，判断自己是继续稳定地工作，把自己的爱好和热爱当成跟志同道合的人深度合作的桥梁，还是离职，只做自己热爱的事情。虽然这段时间会很辛苦，你好像经常处在两种状态下，但它们都是比较好的状态，一个有工资，一个精神富足，选择哪一个，你都不会差。

★收纳设计师万万

中国知名收纳设计师，收纳生活家。

1988 年生，大学毕业后曾供职于家电、金融行业，带领孩子、老人和先生搬家 8 次，拥有丰富的搬家经验。2019 年离职创业，做收纳相关的工作，同时入驻小红书、好好住等生活平台，主要分享每次搬家后房子从无到有的各种收纳细节、改造情况以及原创的收纳理念，用 2 年多的时间，全平台收获超 60 万粉丝。

11

● 退役运动员转型师 Aimee

我们都是冠军候选人

付出不意味着能有收获，但不付出就一定不会有收获。要割禾，就一定要先弯腰。

普通人如何通过选拔，成为运动员

一直以来，运动员都是一个"高危"职业。哪怕你付出十几年的青春，也不代表你一定能得到所谓的回报（比如成为世界冠军）。一场比赛，冠军只有一个，夺冠是小概率事件。

我们只看到屏幕上的奥运冠军光芒万丈，为国争光，但很难想象究竟需要投入多少才能培养出一个冠军。

随着国家对运动体育产业的扶持力度越来越大，越来越多的人希望可以了解运动员这个职业。这里，我尽可能以回忆的方式把这十几年的运动员生涯真实地呈现给大家。

1999 年，我从幼儿园被选拔进入区业余体校。体育竞技通常是从娃娃抓起的，也就是说，职业运动员的生涯是从一个小朋友 6 岁左右开始的，这应该与其他职业很不相同。

对于游泳这项运动，教练们会定期为国家挑选苗子，一般会在幼儿园入学前的小朋友中挑选。教练们会看小朋友父母的身高，初步选定后，他们会在一个指定的时间让家长带孩子到游泳馆进行二次选拔。第二次选拔主要看小朋友是否怕水，动作协调性如何，身体柔韧度如何。

通过以上两项简单的选拔后，入选的小朋友将有资格进行第三轮选拔——进入长训班。家长们通常都非常希望自己的孩子入选，因为入选的小朋友有机会以特长生的身份在师资条件较好的小学就读。

我参加选拔时，虽然其他小朋友都带了游泳衣，只有我没带，但是教练看在我的柔韧度和协调性比较好的分儿上，让我幸运地入选了，我就这样开始了我的游泳生涯，而这也是成为职业运动员的前奏。

哪怕是前奏，过程也是非常辛苦的，特别是对于一个 6 岁的小朋友来说。每天 15：30 幼儿园放学后，我们就进入游泳馆进行 1 ~ 1.5 小时的训练，从最基本的泳姿开始学习。1999 年，游泳馆的设施条件不是很好，水的处理也不完善，由于氯气有刺激性气味，所有在游泳馆训练的人都极容易咳嗽。到了冬天，水温特别低，每个小朋友都冻得像个小紫茄子。

一开始以为在幼儿园时的训练已经算辛苦了，没想到辛苦的还在后头。度过幼儿园的预备期，我们将接受小学阶段的训练。属于区队的我们需要兼顾文化课和体育训练，只好在课余时间进行训练。周一到周五白天上课，放学后进行游泳训练，周末是在下午训练。

白天上课，放学后要进行 2000 ~ 3000 米的训练，训练结束大约在 7 点，其实已经筋疲力尽了，但赶回家吃完饭还要写作业。那段时间，我印象最深刻的是写作业写到深夜 12 点还没写完，又困又累，只能一边哭一边写，第二天再重复一样的事情。

进入小学阶段后，我就开始参加各种各样的正式比赛了。通过比赛，我渐渐崭露头角，获得了不同项目的冠军，因此顺利地从区队进入市队。

在这个过程中，我遇到了小插曲。进入市队后，运动员要接受封闭式训练，一周只能回家一次，其余时间均在运动队进行全天候的训练。我家就我这么一个孩子，我父亲不愿意把我送去训练。后来，叔叔对我父亲说："如果小朋友真的有天赋，你不让她去，这对她来说可能是一辈子的遗憾。"因为这句话，我才顺利进入市队，参加进一步的学习。

大部分运动员是通过这样的途径进入这一行业的。虽说年纪都非常小,但运动员这个职业就是需要从小抓起。全红婵夺得东京奥运会跳水女子单人 10 米跳台冠军时也才 14 岁,谷爱凌在北京冬奥会上夺冠时也才 18 岁。

职业运动员究竟需要做些什么

如果说上面描述的是预备运动员的经历,那么接下来介绍的就是职业运动员的经历。正式成为职业运动员那一年,我刚好 10 岁。

进入市队训练后,我接受的是全天候的训练。在没有夏训、冬训以及大型比赛前的集训时,运动队里所有运动员都是 5:00 起床开始出操训练,6:30 ~ 7:00 吃早餐,随后洗澡、换衣服,接着上文化课。

大家应该听说过体校里的小朋友文化课不怎么好,其实不是我们不爱学习,实在是每天早上 5 点起床、经过一轮训练后再上课,身体太累了,无法集中精力学习。

根据我的了解,其实来运动队训练的小运动员都是非常聪明的,很多人在入队之前学习成绩名列前茅。有的运动员学习成绩不好,只是因为人的精力是有限的,训练任务和文化课学习无法兼顾,所以,我们要做一些取舍。

早上文化课结束后,午休两小时我们就将进行下午的训练,一般在 14:30 ~ 17:00,这是一天中最重要的训练课,因为下午的训练状态是最好的,所以训练的时间也最长。下午的训练结束后,我们就去吃晚饭,然后去上自习课。

每天都是如此,日复一日,年复一年。

如果遇上夏训、冬训或大赛,上午的文化课和晚上的自习将全部被训练取代。每天只剩下训练、吃饭、睡觉。

那个时候没有手机,没有网络,运动队里也没有什么娱乐项目,零花钱也有限，吃、住都在运动队，房间内除了一部要用电话卡才能拨出去的电话，什么都没有。

运动员的生活就是如此枯燥，我们每天都在同一个地方把一模一样的动作重复成千上万次，对着一模一样的池底来来回回游动几百圈，这要求运动员有极强的耐心。如果问到底是什么支撑着我们不断前行，大概是场馆里面那面鲜艳夺目的国旗以及"为国争光"四个字。

对运动员来说，在比赛场上升起那面鲜艳夺目的国旗是我们的梦想，为国争光是我们持续努力的目标。在训练过程中遇到困难和损伤时，只要心中有强烈的目标作为自己的内在驱动力，那么一切困难都可以克服。对我们来说，除了生死，其余的都是擦伤。

尽管运动队里每个运动员都很努力，但淘汰率依然很高，并不是说你努力了就可以。努力是你的态度，但是努力并不意味着你一定可以得到一个成功的结果。

被淘汰的标准也很现实，就是每年的比赛成绩排名。如果你的比赛成绩不理想，那么在下一轮中你将面临淘汰的风险，这对我们来说是一件特别糟糕的事情。对于一个在运动队待了很长时间的人来说，让他回到学校里正常上课是非常痛苦的，第一个原因是需要重新调整生活习惯，第二个原因是文化课可能跟不上，第三个原因是很可能要面对同学们不一样的目光，第四个原因是辛辛苦苦付出的几年努力将付之东流。

但是没有办法，职业运动员就是一个高风险的职业，我们都在用自己的青春赌一个不确定的未来。很多人问：运动员是不是身体都特别好，从来不生病？不，刚好相反。由于我们每天反复进行高强度的运动，身体很容易受到损伤，不同的运动项目损伤的部位和程度都不同。所以我们除了要对抗心理上的压力，还要克服生理上的伤痛。

尽管以上提到的种种都是艰辛的，但是我一直很感谢自己这段运动员经历，因为这段经历从很大程度上让我在青少年时期磨炼了心性，拥有了极强的抗压能力，遇到困难不轻易放弃，对想做的事情持有坚韧不拔的态度。这些在我成年后进入社会时，给予了我很大的帮助。

回到运动员生涯。在市队待够一定年限而没被淘汰，运动员就会开始下一级的进阶之路，即进入省队。尽管市队的淘汰率已经很高了，

但省队的选拔淘汰率比市队更高。

同一个运动项目，一个省只有一支队伍，而广东省有21个地级市、65个市辖区。要想参加省队的选拔，运动员大概要进行2次短期集训，各个市级队伍都会把苗子送上来进行短期集训。回想那段经历，其实也蛮痛苦，因为大家都知道，假如在省队的选拔里不能脱颖而出，就意味着即将回市队面临淘汰，心理压力非常大。年纪越来越大，淘汰后的沉没成本就越来越高。

每进入一个更高等级的队伍，就意味着训练量上升一个等级。我之前提到，在市队，只有夏训、冬训以及大赛前夕才会暂停文化课，进行全天候的训练，但在省队，不上文化课，进行全天候的训练是常态。

在省队，我们早上4:55起床，5:00下楼集合出操，7:00吃早餐，9:00开始上午的训练，11:30吃午饭，然后休息，14:30开始训练，17:30训练结束，吃晚饭，晚上是否训练要看教练的安排。周一到周六都是如此，周日早上训练一场后，下午可以休息。

省队对于运动员出入队伍的管理更加严格，对于饮食的控制也更严格，生病用药也有把控。如果因为外出就餐不小心吃到不该吃的食物，导致比赛时尿检不过关，这对整个队伍来说都是特别严重的事情。

比赛既关乎个人成绩，也会计入团体总分，每个个体的成绩都直接与团体总分挂钩，而对于竞技运动来说，1 分、0.1 分、0.01 分……每一点分数都至关重要，所以运动队必须严格管控每个运动员出入。

可能有人会好奇：运动员的饮食如何？平时都吃些什么？我们在运动队一般吃自助餐，当然，每一天的菜单都经过了特别的编排，但对数量不做限制，每位运动员都可以按照自己的需求决定摄入的食物的数量，以此保证自己的体能。

之前提到运动队淘汰率的问题，我也是进入省队训练后，便止步于此。原因十分清晰，就是成绩已经到达瓶颈，再也上不去了，只能选择退役。

到达省队后退役比在市队退役会好很多，为什么这样讲？在省队退役，运动员一般已经获得了相应的等级证书，运动水平也不会太低，同时也到了上大学的年纪，所以这时候选择退役相对合适。

运动员退役后去了哪里

运动员退役后去了哪里？这个问题要看运动员是在哪个阶段退役的。中段退役（初中—高中）的运动员转型相对比较困难，处于不上不下的状态，回去读书时文化课跟不上，想继续在特长领域发展，可运动成绩又达不到要求。

在快要考大学的时候退役，是比较合适的做法。我也是在这个阶段退役的。国内很多大学针对高水平运动员有专门的录用政策，即达到一定水平且有运动员等级证书的运动员可以通过单考单招的形式入学。

尽管有这样的招生政策，但各所大学招收运动员的名额十分稀少，大部分仅为个位数，但是国内退役运动员的数量非常庞大。我能如愿进入大学，也算是运气不错。

或许有人好奇，运动员的淘汰率那么高，还有很大概率上不了心目中的大学，为什么很多家长还愿意把小孩送进运动队呢？

别人我不清楚，但是我可以分享我当时的经历。我是家里唯一的孩子，当时被通知要输送上运动队的时候，我的父母是不愿意的，毕竟只有一个孩子，是否可以"出人头地"、未来要面对什么风险都不确定。

但是叔叔对我父亲说："如果小朋友真的有天赋，你不让她去，这对她来说可能是一辈子的遗憾。"因为这句话，家里最终决定把"前途未卜"的我送进运动队。想顺利走过这座独木桥，就要看天时地利人和了。

寻常职业基本上是个人自己选择的，但对运动员这个职业来说，更多的是父母代替孩子做选择。

一般而言，很多大学供高水平的单招运动员选择的本科学位比较有限，大多是运动教育、运动管理一类，没有太多其他选择。我选择报考的是暨南大学，因为学校供单考单招的运动员选择的专业比较多，不仅仅是运动管理之类的专业。

之前提到，运动员文化课上得比较少，文化底子相对薄弱，而我想在大学阶段学体育以外的知识，同时考虑毕业后的就业问题，所以选择进入中文系就读。

毕业以后，我的第一份工作是记者，主要负责采访和写文章。当记者期间，不说看遍人生百态，却也发现了自己的渺小。见过世间善恶，也见过浮夸的虚荣、真诚的眼泪。人与人之间的风景，是大河高山之外的另一种景色，若不是当过记者，我又怎么有机会看这么多。

后来我重回体育领域。2019 年，我创建了自媒体账号"Aimee 游泳学堂"，开始做自己的游泳教学自媒体账号，现在已是第 4 个年头。通过不断学习与总结，我给爱好游泳的小伙伴分享游泳经验与知识，给自己热爱的领域做一点微不足道的贡献。这也离不开我做记者的经历，正是在那段时间有所感触，我才希望可以做一些对社会有意义的事情。

2021 年，我正式创立自有泳装品牌 AimeeUp，在小红书开设了企业账号和店铺，在分享有实用价值的游泳经验和知识之余，希望通过自己多年的泳衣穿着经验，做出更多适合游泳爱好者的产品，提升游泳运动的体验。

一直以来，我都在跨行业发展，我觉得，人生那么短，总要多尝试。我也想体验更多不一样的经历，给自己更多的磨炼，正如品牌 AimeeUp 中 Up 的含义，代表了积极、乐观、向上的态度，它也是 unlimited possibility 的首字母缩写，代表无限可能。

未来的路还要一步步往前走，我希望自己可以一直 Up——保持向上且无限可能的态度，一步步勇敢地走向自己想要的未来。

自己热爱的刚好是自己的事业，我一直觉得这是一件特别幸运的事情。只有真正发自内心地热爱，你才能在方方面面进步和创新。我也希望自己能一直保持这份热爱，继续为自己热爱的事业发光。

希望国内的退役运动员能得到更多人的关注与支持

前面提到，尽管国内一些大学有高水平运动员单考单招的入学政策，但每所大学的招生名额十分稀少，退役运动员的数量却非常庞大，也就是说，有很大一部分运动员是上不了大学的，我身边就存在这样的运动员。

我们都知道，没有大学文凭，找工作时会面对很多困难，甚至可以说寸步难行。许多中学时期在运动队接受训练的运动员，因为错过了入学时间，有人连中专文凭也没有，所以就业情况会更加糟糕。尽管一些运动员退役后可以去当教练，但机会有限，路也特别窄，转型成功的可能性非常小。

也有人说运动员可以去当体育明星，但这需要运动员有极高的知名度以及卓越的运动成绩。

被世人熟知的大多只有奥运冠军这类世界冠军，还有很大一部分人不为人熟知，他们也是运动员，他们也从事了这个项目十余年之久，但并不是只要付出，就能有回报，毕竟不是人人都可以成为世界冠军。由于长期接受专业训练，运动员们接触社会的机会很少，文化底子相对薄弱，若无法功成名就，当进入社会就业的时候，就会显得有点无所适从。

所以在本文的最后，我希望大家可以关注社会上的退役运动员，尽管他们不一定是奥运冠军，不一定是世界冠军，但是他们确实为我国体育事业的发展奋力拼搏过。

★Aimee

国家一级游泳运动员，国家一级游泳裁判员，广东省退役运动员。

2019 年成立自媒体账号"Aimee 游泳学堂"，通过视频分享专业的游泳技巧，目前全网粉丝约 160 万。2021 年创立时尚专业泳装品牌 AimeeUp，主打贴合中国人的时尚专业泳装，为游泳爱好者设计生产舒适的竞技泳衣。

12

● 医学科普作家 Jojo

守护生命，我们一直都很急

"如果你向往大海，不应化为岛屿，要成为巨浪。"若把医学比作海洋，那么每个医生就是一朵浪花。要想成为"巨浪"，在医学的浩瀚海洋里有所作为，需要义无反顾的勇气、无坚不摧的毅力、一如既往的恒心。

当一名妇产科医生是一种怎样的体验？

作为一名本科读了5年、硕士上了2年、规培锤炼了3年才成为一名妇产科医生的我，应该有资格回答这个问题。

妇产科的女医生都好"快"

医学界流传着这样一句话："金眼科，银外科，累死累活妇产科。"在这个号称全医院最累的科室之一，每一位曾经像小公主般的柔弱女子都被磨砺成"文能提笔发 SCI^①，武能挥刀手术台"的女强人。

为什么会这样呢？

因为妇产科的事情很多，如果手脚太慢，你的活就干不完。即便雷厉风行，加班也是常态。

另外，妇产科有很多急诊，比如难产、宫外孕等抢救，病人等不起，所以由不得你慢。

哪怕你之前慢条斯理，但只要在妇产科待一段时间，你就会被同化，动作、语速变得越来越快。

妇产科的女医生显年轻

这也是真的。

很多妇产科的主任看上去比实际年纪要显得年轻。

也许是因为常常和新生儿打交道，所以总能感受到新生命的气息。看脸是会骗人的，要看说话的底气。说话慢悠悠、轻声细语的，那应该是刚进科室的实习生。说话有底气、铿锵有力、自信满满、中气十足、哈哈一笑楼顶都能听见的，才是高年资的妇产科女医生。

科室有个师兄曾经在看门诊的时候被患者要求换年资高一点的医生看病，因此师兄将其转诊给一位主任医师。几分钟后，患者怒气冲冲地回来，将病历本一把甩在师兄的诊台上，大声说道："不是叫你换个年纪大一点的医生吗？你怎么找了个小姑娘？故意硌硬我是不是？"其实转诊过去的主任年纪足足比师兄大了一轮，只是因为长相年轻，才闹出了这个笑话。

此外，妇产科女医生显得年轻，可能和她们女性健康知识储备丰

---

① 这里指被《科学引文索引》（Science Citation Index，简称 SCI）收录的期刊所刊登的论文。——编者注

富、对内在保养有自己独到的见解、尽量不做损害卵巢功能的事情有很重要的关系。

妇产科的女医生很能吃苦

有多能吃苦呢？

（1）超负荷工作、熬夜加班是常态。

我们在科室常会听到以下对话："××姐，听说你昨晚手术做到凌晨3点啊？""瞎说，昨天明明做到1点就走了。"说完，她又精神满满地去给患者换药了，而这时可能刚刚早上。是的，凌晨4点的洛杉矶没见过，凌晨4点的上海见了太多次了。

当你是小医生的时候，每天感觉有写不完的病史；当你资历深点儿时，有开不完的刀，每天都在看门诊、收患者、做手术、值班，无限循环。

妇产科的门诊量有多大？

我最多一天接诊120个患者，而且很多需要妇科查体。门诊一天下来，喉咙都隐隐作痛。

回想多年前刚出门诊时，小心翼翼、全力以赴，我一天也只能看几十个患者。

这个过程也有辛酸。我们有时面临患者的不理解，即便一天一口水都不敢喝，刚去上个厕所，结果还被患者投诉，认为我们上班时间磨洋工。

不轻言放弃、坚持不懈是每个妇产科小医生必备的生存法则。

只有反复操练加积累经验，慢慢掌握高效沟通的技巧，对门诊驾轻就熟，能快速解决患者的问题，才能减少纠纷。

这里不得不提到我做自媒体的一个重要原因。

因为患者多，医生少，所以每个患者能分配到的时间很少。很多患者抱怨医生讲得太少了，但如果一个患者占用的时间太多，意味着其他患者的时间就会被挤压（当然，如果是重要的嘱咐，医生也会多次叮嘱）。

于是，我开始尝试将门诊患者频繁问到的健康常识性问题整理成图文或视频，发布在平台上。结果大受欢迎，很多来就诊的患者说，门诊听一次没听懂或忘记了，回去再听几次就明白了。

最初一批自媒体粉丝其实就是我的患者，我非常感恩她们的支持和鼓励，是她们激励我一直坚持做分享，直到现在。

（2）循环通宵值夜班是常态。

你是不是觉得偶尔熬夜太痛苦了？

对于妇产科医生来说，通宵达旦值夜班是家常便饭、工作常态。

守产房监护产妇生孩子，值夜班整宿不睡，我认为是最苦的，这不仅对专业技能，也对体力、耐力、判断力是巨大考验。

监护期间，责任重于泰山，不允许出错，因为一旦出错，意味着可能把妈妈和孩子的生命置于危险之中。

所以值夜班的时候，妇产科医生的精神高度紧绷。这种紧绷状态常常四五天就要经历一次，因为隔四五天可能就得熬个通宵值个夜班。

有人说，医生值班能不能睡一会儿？

这得看运气。如果运气不好，忙一宿是常有的事。

但是，只要孩子那响亮的啼哭声在产房响起，我们就觉得这份辛苦是值得的。母子平安最大。

晚上值班的时候，妇产科医生不单单要守着产房，还要处理妇科急诊，比如黄体破裂、宫外孕、流产等。尤其是遇到宫外孕导致的腹腔内大出血的休克患者，我们需要争分夺秒紧急处理，这是性命攸关的大事。

回想起我刚值夜班那会儿，一晚上就算没人生孩子，没有人需要手术，但躺在值班室的床上也整宿无法入眠，随时保持战斗状态，犹如惊弓之鸟。曾经因为自己身心吃不消，想要放弃，却又被一个个救治过的患者感动"救赎"。

她们告诉我，我的帮助对她们太重要了。

也许她们只是我很多患者中的一部分，但因为当时的出手相助，改变了她们的人生。

我觉得，即便辛苦，这份工作带来的成就感，是很多东西无法替代的。

（3）妇产科医生的苦，还有一部分源于患者的不理解。

医学领域和大众认知存在很大的信息差。

曾经有一个宫外孕患者，认为自己肚子疼是肠炎发作、医生小题大做，因此拒绝妇科检查。

就在医生苦口婆心劝她时，她突发腹内大出血，差点休克，科室紧急备案，立刻手术抢救。命救回来了，但切除了一侧输卵管。不知情的患者父母赶来医院后的第一件事不是感谢医生，而是破口大骂医生没有医德，质问为什么要切除一侧输卵管，是不是为了多收手术费。

经过医生的解释，也多方询问专家，他们才发现医生当时的处理并没有问题。

那时我还是个小医生，觉得特别委屈，自己掏心掏肺对待患者，却被误解和谩骂，觉得太不值得了。

主任的一席话却让我醍醐灌顶，并坚定了我从医的决心。

主任说："在这个世界上，你做很多事情，并不是因为对方要回馈你、感激你，你才去做的，而是因为你做这件事，你自己内心觉得是对的。"

这句话深深地刻在了我的脑海里，我明白了自己当一名医生的价值所在。

坚持原则，不损害患者的利益，做自己认为有价值且正确的事。

妇产科女医生的脾气急

妇产科的女医生大部分脾气很急，优柔寡断的人在科里干不长久。

为什么呢？刚才已经说了，因为平时急诊剖宫产、宫外孕等分分钟都是要命的，医生得雷厉风行地准备手术、抢救人命。日积月累，再慢的脾气也练得越来越急。有些人说妇产科医生有股飒气，那都是夜以继日在手术台上练出来的。

在拯救生命的路上，我们一直都很急。

但是我们手术一向"开"得很稳，就像秋名山①上的老司机，一路漂移但是滴水不洒。性子急不影响心灵手巧以及美观的医学理念，要知道，世界上第一个着手无创外科手术的医生可是我们妇产科医生。

剖宫产的皮下美容缝合这种精细活，我们也是溜到飞起。

我刚上临床的时候，有点慢条斯理，但从业这么多年，家人都说我走路和说话的速度至少是以前的 1.5 倍。

妇产科女医生没时间打扮自己

妇产科的女人，大部分没时间打扮。

也不是真的不爱美，而是因为我们没有那么多时间去打扮自己。首先，我们工作时间很长，别人在化妆美颜的时候我们在查房，别人在逛街买衣服的时候我们在开刀，别人在淘宝购物的时候我们在看书，别人在按摩、做护理的时候我们在写论文。常见一个妇产科医生值了一个 24 小时的班，早上 7 点半就要交班，产房里还需要为患者例行检查，交代接班事项，只擦了一把脸就又被叫去做手术。如果早上在医院看到蓬头垢面的女医生，多半是我们妇产科的。

妇产科女医生不娇气

妇产科女医生不娇气。最有特色的是孕期产检和生产。妇产科女

---

① 位于日本群马县的双重式火山，因四个惊险的五连发夹弯而闻名，电影《头文字 D》中的重要场景发生于此。——编者注

医生的产检和在自己家里一样，胎心监护探头自己绑、胎心自己听、做什么检查自己开……每个妇产科医生都是自己的产检医生。

别的孕妇一家子前呼后拥陪同来产检，妇产科女医生是自己抽门诊的空隙时间、手术的间歇时间或休息时间过来做产检。有位患者前一天来看医生，第二天看结果时却找不到昨天那个医生了。问之，其他医生轻描淡写说："哦，晚上她觉得差不多了，就过来生孩子了，现在孩子已经生完了。"更有一个"传奇"的故事，一个科室主任，挺着大肚子在同济大学给医学生上课，结果发动宫缩了。她根据经验判断自己一时半会生不出来，于是她居然忍着宫缩的痛（生过孩子的妈妈们应该能体会那种痛）把那节课上完，淡定地布置作业，收拾教材，默默地自己打车回产房。到了产房的时候，她的宫口已经开了两指了，当天小孩子就生出来了。

妇产科的女医生很忙，办事干脆利落又不会撒娇。如果你的伴侣是位妇产科女医生，可真是喜忧参半。我们没有很多时间你侬我侬，陪另一半逛街看电影，更多的时候在工作、学习、开会、做实验。妇产科的女医生不怕失业，长期来看，这个行业僧多粥少，这"僧"指的是患者，"粥"是医生。随着技艺和经验的精进，妇产科女医生的价值会越来越大。

妇产科女医生有上不完的学，考不完的证

医院对医生学历的要求越来越高。在上海做医生，意味着你得一直读书，最好读到博士毕业。要想晋升顺利，你还得多发文章，多拿课题。

当妇产科医生，你还得考基本的医师资格证、执业证书、母婴保健技术服务许可证、中级资格证、高级资格证等，一路"打怪"升级考证，每两年还有一次执业医师定期考核。

科室的业务学习、病例讨论，每周至少一次。

不止妇产科，医生就是一个活到老学到老的职业。

你想工作后舒舒服服，在妇产科基本上是不可能的。

无论年轻还是资深，医生都要一辈子在学海里打滚；指南定期更新，一不学习就会落后。

妇产科女医生的收入

我刚学医的时候，老师就对我们说："如果你们想赚大钱，最好早点打退堂鼓。"当医生吃穿不愁，但赚不了大钱。如果你的目标是赚大钱，那就当不了好医生，早点改行，悬崖勒马。

和皮肤科医生、整形科医生、眼科医生等相比，做妇产科医生的性价比似乎是低的。

这份工作收入虽然不高，性价比不高，但胜在稳定，而且薪资待遇慢慢会涨。

想着靠当医生赚成富豪的，我会劝退，最好不要有这个打算。

当妇产科女医生有什么优势

说了那么多，当妇产科医生有啥好处？

首先，当妇产科医生，会比较了解自己的身体状况，遇到女性健康小毛病，自己就能轻松解决，就连生孩子这种家庭大事件，妇产科医生也对生产流程和产检过程驾轻就熟。

其次，妇产科医生有个大好处，就是很好找工作。

妇产科的工作又累又苦，所以干的人不多，妇产科医生相对稀缺。只要遵守法律法规和医院规定，基本上不用太担心失业的问题。

收入方面。虽然性价比不高，不会赚大钱，但妇产科医生养家买房还是绰绰有余的。妇产科女医生收入稳定，随着资历的提高，收入还会稳步增长，在经济方面会比较独立。

最后，妇产科医生有很强的职业荣誉感和满足感，这是无法用金钱衡量的，也是很多其他工作很难替代的。母子平安时、宫外孕大出血抢救成功时，那份喜悦的心情，真是无与伦比。

当有人问我选科室要不要选妇产科时，我会让她思考以下问题。

第一，你有没有在妇产科实习过？你是不是真的喜欢当妇产科医生？

第二，妇产科医生对身体素质也有要求，要能吃苦，这不是一个轻松的职业，你有心理准备吗？

第三，赚钱不多，而且很辛苦，只有真的喜欢这个行业的人才能长期坚持下去，你可以坚持吗？

在妇产科工作近10年，我看到有同事因为生病身体吃不消、工作太忙无法兼顾家庭等放弃了这份工作，转行后，也做得非常不错。

学历高、动手能力强、经济独立、外柔内刚，妇产科女医生优点颇多。如果你刚好是一名妇产科女医生，我很佩服你，加入了我们这支"娘子军"一起奋斗。如果你是妇产科女医生的男友或老公，我要恭喜你，你一定非常幸运，才有这种福气。如果你是妇产科女医生的父母，我要谢谢你，做了巨大的贡献才能培养出这样优秀的女儿。

你们身边有妇产科的女人吗？有的话请珍惜吧，嘻嘻。

★孙旖

上海交通大学医学院附属同仁医院妇产科主治医生，医学硕士，多平台女性科普达人，全网粉丝超300万。上海市卫生健康委员会团委医苑新星健康讲师团成员，江苏卫视《我们仨》（第二季）特邀妇产科专家。公众号"Jojo医生"创始人。2019澎湃正能量女性楷模。

出版科普类图书《Jojo医生陪你科学怀孕》。

第**3**部分

最笨拙的努力，慢一点更快

永远选择正确的事，不选择看起来更容易的事。

13

● **全媒体运营师魔都妈妈黛西**

向前一步

面对"如何平衡家庭与事业"的终极难题时，我选择做自己，做一个 80 分妈妈，一个 80 分职场人。在每一个抉择的路口，问问自己："我真的愿意吗？"然后坚定地向前一步。

非常荣幸受到小红书的邀请，分享我的职场经历。相信看过我的小红书账号"魔都妈妈黛西"分享的内容的朋友，都会对我的职场经历乃至人生经历产生深深的好奇。确实，在我 31 岁的人生中，有着从执教于学校到供职于创业公司、中型互联网公司、大型互联网公司，再到自媒体创业的经历，倒不是我天生爱折腾，而是性格和命运使然。

3 年职场，3 次进步，收入 3 次翻倍

为了方便大家理解后续的职场干货，我先简单介绍一下我的经历。研究生毕业后，我的第一个职业是老师。我的专业是新闻传播，当时，传统纸媒、电视台、广播乃至网站都受到了自媒体的冲击，但当时我并没有感知到。我随大流考了教师编制，当了 3 年老师，如果不是家

庭原因，我可能没有勇气脱离安稳的工作环境。我的爱人跟我不同的是，他的志向一直非常远大。爱人是我的高中同学，我研究生一毕业就和他结婚了，我们组成了"金融男 + 教师女"这样的家庭。但他一直有一颗闯荡的心，在孩子出生不久后就到上海创业，并且在大半年的时间内取得了非常好的成绩。从听到他第一次提出让我辞职去上海生活直到真正辞职，我纠结了半年的时间。我对自己有清晰的认知，上学时积累的都是软技能，辞职后可能会遇到很多挑战，但最终我还是辞职了，一是不愿意夫妻异地生活，二是自己内心对于事业还是有一点小火苗的。

真正辞职后，我经历了可怕的过渡期，包括自我价值感低下、在新城市不适应、家庭矛盾尖锐，我之前预料到的所有困难都被放大了十倍。我投出去的简历大部分石沉大海，身边没有人教我怎么办。应聘教师岗位，对方会问我有没有教培大班课的经历；应聘其他岗位，对方干脆直接问："你之前做老师，现在为什么要转行？你能做好吗？"

后来，一个朋友告诉我，应当有针对性地写简历，千万别海投，要针对对方的岗位要求。我半信半疑地投了两份，神奇的是，当天下午就接到了面试通知，一份来自某教培机构，一份来自一家自媒体创业公司。放在以前，我肯定轻车熟路地选择去当老师，但被现实"鞭打"了几个月后，我开始思考个人的长线职业规划。我认识到，我对事业是有热情的，我辞掉了最稳定的工作，就一定要有所回报。所以我加入了那家创立仅 3 个月、加上我一共 5 名员工的创业公司。

一进入创业公司，我就坐上了运营总监的职位。我心里很害怕，但当时的老板告诉我："我知道你没有经验，但我看中了你第一轮面试之后写给我的业务发展规划。"入职后，我一开始没办法适应朝十晚八、大小周的工作节奏，完全是咬着牙坚持，难受的时候经常去卫生间偷偷哭，哭完洗把脸又坐回工位。我咬着牙完成了第一次知识付费项目的全链路设计和跑通。无数个夜晚，我在家里看资料，加入了无数运营群。3 个月后，我负责的项目迎来了大爆发，知识付费金额高达几百万元。当我拿到几万元的项目奖金时，当我被老板多次夸奖时，我觉得这种有自我掌控感的生活实在是太爽了。

当我的这份工作进入"钱多事少离家近"的阶段时，我反而危机感很重。大家一定要明白，任何一个公司都是不养闲人的，在真实的职场中，公司不会因为你是女性、新人、老人、功臣而给予你特殊关照，稳定在某种程度上就是职业停滞。当时正值新冠肺炎疫情暴发，我看到铺天盖地的在线教育融资新闻，恰巧有一个猎头挖我去一家中型在校教育公司担任市场部总监，于是我果断离职，加入了新公司。

在新公司的市场部，正式员工与实习生一共 20 人，主营 K12^① 写字、写作在线培训，商业模式是市场部通过投放 + 自媒体获取用户线索，销售部通过电话销售将其转化为潜在客户，教研和老师团队负责产品交付。作为市场部总监，我最大的任务就是通过投放广告获取用户的联系方式。由于我们是创业公司，资金有限，单月投放额度在 20 万 ~ 50 万元左右，80% 的线索要从自媒体中来。我们的自媒体矩阵就是短视频账号，通过在抖音、快手、小红书等平台发布的短视频获得播放量和用户线索。

我加入公司的时候正值短视频矩阵的困难期，抖音已经度过了初始的、缺乏内容的阶段，开始扶持真人 IP。而当时公司的短视频矩阵都是非真人出镜的。我之前刷过抖音，但实在没搞过专业化运营。入职后的第一周，我做了三件事：梳理当前业务、进行行业对标、写出具体规划。我抱着试一试的态度，按照自己的规划挑了几名老师，根据短视频的特点写了几篇干货文案，我们就在会议室简单开拍了。

非常幸运的是，入职 10 天后，我们做的第一个账号发的第一篇内容就爆了，发布 3 小时点赞量达到 2 万。这充分印证了三点：行业对

---

① 全称 "kindergarten through twelfth grade"，是学前教育至高中教育的缩写，现在普遍被用来代指基础教育。——编者注

标是正确的，规划是正确的，执行细节是正确的。于是，我们复制了矩阵式的打法，一次做了几十个账号，其中两个账号的粉丝量分别达到 220 万和 170 万，粉丝量几十万的账号非常多。情况最好的一个月，我们免费获取的用户线索达到两万多条。

入职两个月后，老板把我叫到他的办公室，给了我一份全英文的文件让我签署，那是一份期权授予文件。一次次努力、遭遇困境、克服困难、获得成绩、受到认可，我的自信心一点点回来了。

都说创业公司很难活过 D 轮，这家公司也不幸倒在了 C 轮之前。但这一次，我没有很惊慌，有三家公司向我抛出了橄榄枝，我去了当时老板推荐的公司。从我历任老板或领导身上，我发现人都是复杂的，人际关系需要平衡，实力也要获得认可。

进入新公司后，我真正见识到了大公司的工作方法和组织形式，眼界和能力都得到了快速的提升。

互联网公司之前确实有非常大的红利，但发展到现在，弊端也很明显：业务增长放缓、市场竞争激烈、打工人疯狂内卷，可以说，除了持有期权的小部分人，大部分人发展天花板都比较低了。

那么，机会到底在哪里呢？也许因为自己在一线城市、行业风口和短视频领域发展了好几年，我觉察到中小企业迎来了发展机会。我也相信，最赚钱的个体户，就在互联网短视频里，比如每一个垂直细分领域。会做内容、能够免费获取用户线索的个体，虽然他们体量不大，但因为运营成本低、利润率高，所以每年能稳定获取可观的利润。我身边这样的案例已经有很多了，以后还会有更多。

所以，我坚定地选择了做自媒体，从 2021 年 7 月开始在小红书上发视频，分享我的职场、学习心得，7 个月的时间得到了 47 万粉丝的支持，无论经济收益、人际关系还是职业发展，都因为自媒体跨上了新台阶。

职场转型以及女性职场成长

职业发展近 10 年发生的最显著的变化就是，从以行业为中心转变为以个人为中心。这句话怎么理解呢？以前，我们可以一辈子做老师、医生，从事金融、外贸工作，但现在，各行业瞬息万变，正确的职场发展思路是个人全方位成长。考查标准就是，你有没有业务闭环能力；把你单独扔到职场、社会中，你能赚到钱吗？其实很多人的职场发展路径都是很虚妄的，要么随着行业发展吃尽红利，要么运气爆棚猜中风口。随着社会不断发展，这种"碰运气"的机会已少之又少了。但很多人不自知，把运气当成了实力，以至于很多高管离职后，无力创业，更无力独自扛起新业务。

一个人玩转多项技能，并且具有快速学习、快速适应的能力，这将是未来职场发展的关键。此外，对于职业选择，我们要胆子大一些，目光远一些，执行力强一些。我之前就在我的短视频里提到转行的几种办法。如果你要投简历，那么务必针对岗位要求认真修改简历，一个岗位一版简历，这拼的就是谁有耐心、不怕麻烦。此外，也不要专门去挤投简历的独木桥，从我过往招人的经验来看，内推的效率远高于投简历。当然，你还是要认真写简历，而且要大胆找内推，很多热门岗位都存在人员交接的问题，平常需要 90 分的岗位，紧急时刻 80分也行，关键是你要想方设法让你的简历出现在主管面前。另外，加入行业社群、某些行业圈子、找导师或同学介绍，都是很有效的方法。

这里专门提到女性的职业发展，一是因为我自己是女性，二是因为我工作中接触的绝大多数人都是女性，我太想告诉大家女性职业发展的不易，也想把我找到的方法、踩的坑分享给大家。

我是先成家后立业的，很多自媒体会给大家两种针锋相对的观点：一种是"你一定要认真搞事业，你有本事了才能有好婚姻"；另一种是"你要不趁着 20 多岁年轻嫁出去，到 30 多岁就成'剩女'了"。这太让女性焦虑了，直接导致我身边很多女孩在职业发展关键期忙着去相亲，或者直接隔绝男女关系一心搞事业。

我的建议是，知根知底的好男人，那是非常稀缺的，遇到了就赶紧抓住别放手，也不要听信毒鸡汤，期待所谓的完美婚姻。从逻辑上讲，完美的婚姻根本不存在。什么是知根知底的好男人？从你的同学里找到好人的概率是比较大的，如果他学习好、上进、有责任心、家庭成员人品不错、双方家庭差异不大、对你很好，以上能占几点就很不错了。在工作中找对象的难度呈指数级增长，你要做的是像经营项目一样去择偶，光"避免遇到渣男"这一项，就要花费很大的精力。如果感情之路实在不顺，那就好好工作，扩大社交圈，寻找更多接触优质对象的机会。

在职场中，女性最容易陷入的陷阱就是"退缩"，如果一遇到困难你就向后退，那么路就会越走越窄，最后退无可退。遇到任何困难，我们都要告诉自己向前一步，敢于表达，敢于接项目，敢于担责任，敢于坐高位，并且不断凭借自己的努力让自己配得上这一切。再提一句，要为自己建立"安全垫"。你会遇到家庭、生育带来的身体上和精神上的多重挑战，你平时积攒的人际关系、能力、资金就是你的安全垫，让你能有尊严地选择进或者退。

什么是运营，如何做好运营

运营存在于每一个行业——互联网、金融、游戏、教育等；运营存在于每一个部门——产品、市场、销售等；运营的职能包括产品运营、内容运营、用户运营、活动运营等；运营的能力包括策划、文案、设计、投放等。这么一看，这个工种干得也太杂了，好像没有什么技术含量。但基于我的观察，每个岗位都需要有运营思维，因为运营的核心就是拉新、留存和转化，这是任何生意模式都适用的底层链路。下面，我就基于拉新、留存和转化三个角度讲一讲互联网公司的运营发展。

随着抖音日活突破 6 亿大关，短视频增长也见顶了。从微信的狂野加人模式、微商模式、社群运营、裂变模式到短视频的野蛮增加、矩阵化发展、个人IP、直播，目前最有效的拉新方式就是公域＋私域、免费＋投放。公域是指当前基于算法推荐的短视频平台，包括抖音、快手、小红书；私域指的是微信；免费是指不通过投放，而是通过纯内容运营获取的用户；投放是指通过付费投流获取的用户。

在这里，我就不细讲业务的底层逻辑了，说一说什么样的职业技能才能让我们从业务新人转变为独当一面的业务负责人。目前，对于整体业务来说，公域的重要程度远大于私域，所以，下面主讲公域操盘的4大能力。

（1）对标模仿能力。

模仿是非常重要的思维方式，我不建议任何项目建立在天马行空的设想之下，这个项目最好有已经跑通的先行者，哪怕他们是其他行业的。项目能顺利跑通，就证明操作者做对了选择，那么最好的方法就是照着他们的路线来。这样我们能节省大量的试错成本。

（2）业务梳理能力。

业务负责人一定要有梳理业务闭环的能力，我也建议新人尝试去梳理。我们可以通过文档、表格、思维导图、流程图、甘特图等工具，梳理业务的全流程，这样，我们就像拥有了地图一样。在梳理的过程中，一是要做详细的调研，调研方式包括专家访谈、调查问卷、查阅资料、田野调查等，如果没有翔实的调研基础，那么整个项目的根基就会不稳；二是要做详细的计算，要计算项目的成本、收益、投资回报率，通过数据，预估项目的人力及资金投入、项目周期、重要节点和回报周期（在有实力的公司，这项工作一般由商业分析师协助完成，但最好自己学会这些，这会让你对商业的理解上一个台阶）；三是要敢于估算，在项目的初期，必定有某些数据是算不清的，要敢于根据直觉拍出数字，作为后续调整的基准线，让项目先跑起来；四是要在过程中不断完善，项目都是一边做一边调整的；五是要学会控制风险，要跟做投资一样，控制项目风险，避免过分忧虑或者忽视风险。

（3）内容能力。

内容能力决定了免费流量的占比和投放的效率。免费的流量是什么呢？就是降低业务成本、增加业务收益的核心。内容可以细化到文案怎么写、标题怎么起、短视频怎么拍、产品名字怎么取、活动名字怎么取等。可别小看内容，一个优秀的营销文案，可以为企业省下上千万元的广告费。投放的效率更是建立在内容质量之上。现在大家都知道短视频重要、直播重要，要想做好短视频、做好直播，业务负责人最好自己懂内容，否则很难提升效率。

（4）精细化运营能力。

前面谈到免费流量和付费流量，随着竞争的白热化，大家可以明显感受到内容质量在节节攀升，那么免费流量的获取将变得越来越难，因此，决定业务能不能盈利的核心就变成了精细化运营能力如何。比如，你能否优化直播话术，能否优化转化链路⋯⋯这对销量的影响可不容小觑。

感谢大家看到这里。其实我依然是个新人，能和大家分享这些经验也是因为种种际遇让我经历了比较多的职场选择和挑战。对于以后的工作和生活，借用一句话，"要以自我为中心"，感受自己的变化、成长，期待未来能和大家有更多的分享和交流机会。

★魔都妈妈黛西

一个希望活出自我的宝妈。硕士毕业后进入学校做了老师，3年后辞职到上海进入充满挑战的职场，历任创业公司运营总监、中型在线教育公司市场部总监、大型互联网公司内容营销负责人。一直在内容营销方面深耕，最终在自媒体上开花结果，3个月全网粉丝破百万，当前深耕自媒体培训。

命运及性格使然，我经历的较多，也更理解当前女性在职场、家庭中的困境，所以一直在自媒体账号中输出职场发展、女性成长干货。"向前一步"是我对所有女性的心里话，在每一件小事中向前一步，才能真正地活出自我。

14

● **婴儿睡眠咨询师刘虔**

守护小天使的梦

生孩子后，我才知道原来我们对"婴儿般的睡眠"存在诸多误解。

"太神奇了！从来没想过我儿子还可以这么睡！"

"亲测有用！连着 2 次都成功了！"

"感谢老师！真的解救我于水火之中！真的真的管用！！"

当新手爸妈抱着、摇着哄孩子睡觉，感到疲惫不堪的时候，我可以边哄孩子睡觉边工作或边哄孩子睡觉边追剧；当新手爸妈互相"推诿"让对方看孩子，自己好休息一会儿的时候，我和爱人抢着与孩子们互动……生完孩子的我之所以可以这么潇洒，其实完全是因为我的特殊身份——婴儿睡眠咨询师。

认识婴儿睡眠咨询师

婴儿睡眠咨询师是一个近几年国内新兴的咨询师类职业。婴儿睡眠咨询师可以帮助新手爸妈解决婴儿哄睡的一些困难。与母乳指导师解决宝宝吃奶问题一样，我们是解决宝宝睡觉问题的。我们的初心就是让家长和孩子都能睡好、休息好。家长休息好了，就有精力照顾孩子；孩子休息好了，就可以茁壮地成长。

进入婴儿睡眠领域

不就是孩子睡觉嘛！至于搞得这么兴师动众的吗？还要咨询师来教孩子怎么睡觉吗？

如果你能问出这样的问题，说明你没有孩子，不知道哄睡的艰辛。与在网络上苦苦求助的妈妈一样，我也有过相同的经历：第一个孩子出生后，作为新手妈妈，我不知道怎么照顾那个小婴儿，孩子晚上 1 小时一哼唧甚至半小时一哼唧，我不断地把孩子从小床抱出来喂奶，哄睡着以后再把孩子放回去，可是来来回回、精疲力竭的我已经不敢把孩子放回去了，因为她总是醒来，我总是不断塞奶，不明白她为什么还是没有吃饱。我就这样度过了一个又一个不眠的夜晚。

我"绝望"地听着别人说"过了百天就好了"，一直咬牙抱睡忍到了百天，我特别兴奋，以为终于熬过去了，她不会那么频繁地醒来了，可是，新的问题又出现了，她怎么不睡觉了呢？婴儿不应该是非常能睡的吗？或者好不容易睡着了，放下就醒；或者好不容易放下了，一会儿就醒了……我真的一点休息的时间都没有，我好累，好像每天都在哄孩子睡觉，成了"哄睡的奴隶"。就在此时，我才真正知道"婴儿般的睡眠"到底是怎样一种睡眠状态。

因为不甘于做"哄睡的奴隶"，所以我开始查阅资料。我想，孩子睡不好一定是有原因的，我要找到原因，并且解决我的困境。从此，我开启了婴幼儿睡眠学习的道路，并深深受益于此。

在我学习的那个年代，网络没有如今这么发达，我更多的是从图书和相关网站寻找相关信息，而这一领域的中文资料更是少之又少，我只能用我不算熟练的英文啃着英文资料，同时调整自己孩子的睡眠。我走过不少弯路，孩子跟着我也吃了不少苦。求学的艰辛就不再赘述了，但结果是令人欣喜的——经过一年多的努力，不仅我和孩子都收获了一夜好眠，我也成为国内最早拥有国际认证的婴儿睡眠咨询师之一。

如何帮助更多的妈妈

学习婴儿睡眠知识后，我不仅受益，还有了生老二的勇气，而老二的出生也给我的职业道路提供了更多的经验和帮助。看着跟我同期生孩子的很多妈妈还处在"水深火热"之中，我真的很替她们着急，于是我想：我一定要找到一个方式，让更多的妈妈了解婴儿睡眠知识，让她们知道哄睡其实不是那么难的一件事，让天下的新手父母都能睡好觉。

在我准备开始做网络宣传的时候，各个短视频平台已经初具规模，因为小红书更受女性用户的喜爱，而我本人也是小红书的忠实粉丝，于是几乎没有怎么考虑，我就开始在小红书上做睡眠知识的宣传。

在小红书上，我分享了从多年执业经历中得来的哄睡方法和哄睡技巧，其中一个关于拍睡的视频更是获得了 10 多万的点赞收藏量。

由于宣传内容有很多干货，相当于把拍睡的核心技术都在视频里介绍了，这引起一些同行的疑问："这么核心的内容都发表了，家长都学会了，你不担心家长不来咨询了吗？"

虽然我也问过自己这样的问题，可一看到视频下方妈妈们的留言，她们一个个都说好用、真的帮助到自己了，这才是我的初衷，不是吗？虽然我靠咨询挣钱，但如果真的没有人来向我咨询了，我的初衷才算真正实现了——愿天下新手父母都能睡好觉。

职业发展中的阻碍

因为是新兴职业，所以在发展前期难免遇到一些阻碍。

（1）大众对新兴职业的不了解。

在我刚从事这份工作的几年里，经常有人怀疑我是骗子，他们没有听说过这个职业，就说我是骗钱的。怀疑、不信任、被冷漠地对待是我经常面对的问题，但因为一些急于解决宝宝睡眠问题的宝妈还是抱着"死马当成活马医"的态度去尝试了一下，效果让她们叹为观止。就这样，我们的行业逐渐发展壮大，越来越多跟我一样受益的宝妈加入了我们的团队。

（2）大众对咨询行业的不理解。

大众对于咨询行业、知识付费领域的认知，也处在起步阶段，难免有些家长怕咨询以后没有效果、看不到实实在在的东西，因而退缩，不愿意咨询。毕竟买了东西还能退，可一旦开始咨询，钱就退不了了。但是我相信，随着社会的进步和发展，人们认知水平的提高，这样的问题会逐渐得到改善，现在接受我们服务的宝妈越来越多了。

（3）科学育儿与传统观念的抗衡。

这是职业发展过程中最难解决的问题，很多老人家会跟宝妈说"你们小时候我们都是这么熬过来的"，用以前带孩子的思维来养育现在的孩子。育儿理念的不同，导致很多家庭充满矛盾，使睡眠知识的补给不能及时到位。

但现在与过去真的不一样了，我们应该用科学的育儿方法来带孩子。我相信，随着社会的进步与发展，妈妈们会逐渐摆脱老一代传统思想的束缚。

不管以上哪种阻碍，我们都需要时间克服，而我也在执业的这几年里，见证了这些阻碍逐渐被消除。

职业发展成功秘诀

前面说到很多妈妈愿意投身我们这个行业，那么到底怎样才能成为一名合格的婴儿睡眠咨询师呢？

（1）生完孩子且有耐心。

为什么一定要生过孩子？这个其实很好理解，因为没有生过孩子的人是没有办法体会半夜哄睡的辛酸的，在做这份职业的时候，她们不会感同身受，也很难真正站在家长的角度去考虑问题。

为什么一定要有耐心？因为咨询工作非常消耗人的精力，而且我们每天面对的都是一些因为哄睡困难或者不会照顾孩子而焦虑的母亲，她们没有地方排解的情绪，很可能通过诉说宝宝睡得不好的糟糕情况而发泄出来，这个时候，我们就要做家长情绪的垃圾桶，及时、耐心、不厌其烦地帮她们疏导情绪，同时，指出宝宝存在的睡眠问题，帮助家长解决宝宝的睡眠问题。

（2）具备培训资格。

在我学习的那段时间，也就是2015年左右，国内是没有相关培训的，我是靠国外的资料考取国外认证的婴儿睡眠咨询师的。近几年，随着我国婴儿睡眠咨询行业的发展，国内已经涌现一批大大小小的培训机构，其中也包括我的培训机构，这里我简单做一个总结分享。

第一类，国外授权的国内机构。一些国外的认证机构会授权国内的机构开班进行中文教学，最后颁发的证书也是这个国外机构认证的。

第二类，国内咨询师自创的机构。这类机构会结合国内实际情况，搭建属于自己的教学体系，培养咨询师。

第三类，国内咨询师自创机构品牌并开展教学，但老师通常只为自己机构所用，招收的人数不多，费用也不高。

除了第三类机构学习的费用低，其他机构的培训费人均要2万元以上。如果你看重的是性价比，可以选择去第三类机构学习；如果你看重的是资格认证，可以选择去第一类机构学习；如果你看重的是实操能力，还想有自立门户的可能，那么我建议你选择第二类学习机构，因为这样的机构由有经验的咨询师根据自己很多年的咨询经验开展培训，传授的婴儿睡眠知识和方法更符合国内情况，学员毕业以后会更快地进入职业角色。

我创建的就是第二类学习机构，如果大家感兴趣，可以关注我的小红书账号。

但要说明的是，目前关于婴儿睡眠知识的相关学习，是没有国家官方认证的，它是社会技能学习的一种，国外的培训机构同样不提供官方认证。

（3）有很多实践经验。

拿到执业证书只是一个开始，拥有大量的实践积累才是做好咨询师的根本。咨询师跟老师和医生类似，教的学生越多越有经验，看的患者越多越有经验，咨询的案例越多、见过的孩子越多，就越有经验。

（4）要懂得睡眠以外的其他育儿知识。

要懂得睡眠以外的其他育儿知识，比如喂养、孩子的发育发展、儿童心理等。虽然我们调整的是宝宝的睡眠这一项内容，但这一项内容往往牵一发而动全身，所以，学习的知识越多，对后续工作的帮助越大。

成为婴儿睡眠咨询师能收获什么

成为一名婴儿睡眠咨询师后，你能获得以下内容。

（1）自由的工作时间。

咨询师可以根据自己的时间安排咨询工作，比如语音咨询可以安排在自己的空闲时间。而一对一的调整工作，除了必须跟踪宝宝入睡的时间点，其他时间相对自由。

（2）不菲的报酬。

目前市场上一次语音咨询的价格在 300 ~ 500 元之间，一个为期 14 天的一对一调整价格在 2000 ~ 5000 元之间。这些咨询项目是可以穿插进行的，如果一个月可以有 10 个语音咨询、4 个一对一调整咨询，那么月收入可以达到 11000 ~ 25000 元。如果咨询干得好，学习培训的费用（2 万 ~ 3 万元）一两个月也就回本了。

（3）满满的成就感。

当你调整好宝宝的睡眠、救宝妈于水火之中时，她们一定会非常感谢你。有的宝妈曾经给我付"小费",要我一定收下;还有的宝妈一定要给我邮寄东西;更多受益的宝妈会直接把我推荐给身边的宝妈。那种满足感和成就感,真的是非常幸福的体验。

职业发展前景

我对我的职业发展前景非常看好,主要有以下两个原因。

(1)国家政策支持。

国家鼓励生育,放宽生育政策。按 2021 年新生儿出生人口(883万人)计算,排除经济水平有限、不了解婴儿睡眠知识的人,去掉一半还有 440 万新生儿需要睡眠咨询。在剩下的 440 万人里,再去掉一半认为睡眠咨询没有用或者不需要的人(比如老人带孩子,他们不会了解这方面的知识),那至少还有 220 万新生儿需要睡眠咨询。

就国内婴儿睡眠咨询师的数量不足百人的现状来看,睡眠咨询还是呈现供不应求的局面。

(2)使人受益的东西,早晚会被人接受。

婴儿睡眠涉及一套科学完整的体系,美国专家早在 1987 年就出版了关于婴幼儿睡眠的图书。

这个行业如果是"骗子"的行业,我想不会像现在这样越来越壮大。正是因为关注婴儿睡眠、改善婴儿睡眠真正帮助很多妈妈收获了"天使宝宝",自己也休息好了,得到了好处,所以才有这么多妈妈愿意投身这个行业。

成为更好的自己

感觉自己入行这么多年来,每一天都在学习进步,因为我们面对的是世界上最有力量的一群人——妈妈。她们为了孩子真的很拼。我在每个妈妈身上学到了很多东西,这促使我不断进步。

我第一次与一个宝妈争吵，是因为我们在宝宝入睡方式上产生了分歧，我觉得自己非常专业，对方应该听我的意见，用我的方法哄宝宝入睡，但对方觉得我的方法会让宝宝哭得更厉害，执意要用自己的方式，我们的关系一度陷入僵局。但为了尽可能不结束这次咨询（坦白说，结束代表我的收入将减少），我选择了妥协，按照对方的想法做，居然成功了！其实这次调整让我非常惭愧，但我学会了两点：第一，充分尊重宝妈的想法，毕竟她们才是最了解孩子的人；第二，不是所有的孩子都一样，一定要学习更多的安抚技巧来帮助不同的家长。

还有一次，我遇到一个非常难应付的情况，真的很让人头疼，我能想到的方法都用过了，也求助过同行，但结果还是不尽如人意，甚至增加调整天数也没有太大的效果。面对不太好的结果，宝妈并没有对我有任何埋怨，而是留下一句"我们真的努力过了，我认了"。听到这句话，隔着手机屏幕的我眼泪瞬间就流了下来，一是因那位宝妈的"我认了"而感到心疼；二是因为她说的是"我们真的努力过了"，"我们"说明了那位宝妈对我的认可，虽然结果不尽如人意，但努力和用心终究是会被认可的。

奥运冠军谷爱凌说她每天要睡够 10 小时。睡眠对于人的重要性不言而喻，而我的初衷就是帮助更多的宝妈有孩子也能睡得好、休息得好。就像我的视频结束语——关注我，每天多睡 1 小时。这是我最希望达到的目标。

★ 刘虔

南京理工大学社会学硕士。IACSC 国际婴幼儿睡眠师协会会员，美国 APSC 睡眠咨询师协会会员，GraceSleepConsulting® 认证特级婴儿睡眠师，母婴舒眠创始人，美国最快乐宝贝（HappiestBaby）认证婴儿安抚导师，华人首批国际认证母婴睡眠顾问，中国睡眠研究会会员。

6 年从业经验，帮助 10000 多个有宝宝的家庭享受好睡眠。

15

● 家庭园艺师麦麦妈 Abby
治愈的小花园

我有一个让人变得幸福的小秘诀想要分享给你们，那就是学会数算生命中的恩典——那些可能被我们忽视的小小的亮光。

嗨，我叫信心，是小红书家庭园艺账号"麦麦妈 Abby"的作者。从初次尝试栽种到花开满园，再到输出、分享我的种植经验，我收获了一群忠实且有爱的小伙伴。这一切，不过发生在短短两年间。把种花当作事业，是我从来没有想过的。

有一组强大的内在驱动力让我对未来充满盼望，那就是我对植物的喜爱，对每一次季节交替的期待，还有对大自然的敬畏。最重要的是，作为一个妈妈、一个全职太太，我想拥有一份属于自己的、值得我不断追求的美好事业。

在朋友的印象中，我是一个善于社交、主意多、审美还不错且行动力很强的人。但我知道，成就我的一定不仅仅是这些，我坚信无论做什么事情，真诚、用心，对我至关重要。我相信我活在这个世界上，除了工作、家庭、生活，一定还有一个更重要的意义值得我为之努力，那就是我想为身边的人带去祝福。这种祝福，可以是我面对事物和难处时的积极心态，可以是我对爱与自由的追求，也可以是让别人看到我的治愈小花园。

2020 年，受疫情影响，我待在家里，因为接触外界的机会减少，越发向往大自然的美好。突然间，我对花花草草产生了浓厚的兴趣，对我的阳台花园开始了无限的想象，然后便一发不可收拾。

没想到园艺生活可以如此治愈

它并不需要你拥有一座大花园和露台。一个小阳台，甚至一个明亮的、可以开窗通风的小窗台，就可以让你的家人感受到植物的生命力，为一个破土而出的嫩绿小芽感到惊喜不已！它只需要你愿意为它付出。种一朵花，我们要给它浇水、施肥，给它最好的光照条件，除此之外，就是对它倾注无限的向往和爱。

生活和工作也是如此。我们要知道，我需要什么？我想成为什么？再为这个目标付出无限热爱。

趁着还年轻，学着和时间做朋友，不要着急，但也不要浪费光阴。在自律的生活下，享受真正的自由。

无论处于怎样的角色状态，我们只要全心做好当下的事情，并且积极地规划未来。

十年前，我和先生就读于同一所大学，相识时，我们大二，正是青春最美好的样子。现在我们常常说笑回忆，我们真是收获了一个非常美好的家庭，一群值得信任的、要好的朋友，还有一些适应环境的小技能，还有，还有什么呢？

我和先生相视一笑，说："我们那时候，真是应该更加努力地好好学习。"

去做一个大学生应该做的事情，做好我们的本分职责，写好每一篇论文，准备好每一场考试，多参与和未来职业相关的活动与实习，和校友、老师建立联系，丰富自己的专业知识，找准自己的职业目标，并为之努力奋斗，因为在那个时候，就算失败了也没有关系。

我们要在自律的前提下，去享受那个年纪应该拥有的快乐，这才是内心真正的自由。这样的自由绝不等于放任，而放任的后果，是我们承担不起的。

不过也不要着急。在没有找到可以为之奋斗一生的事业之前，我们还可以为不同时期的自己定阶段性目标。

就好像刚毕业就选择了结婚的我，在女儿麦麦出生之后，我一度陷入迷茫，因担心社会对全职妈妈"不认可、不友好"而焦虑。那时候，除了孩子和家庭，好像没有可以体现自我价值的地方了。

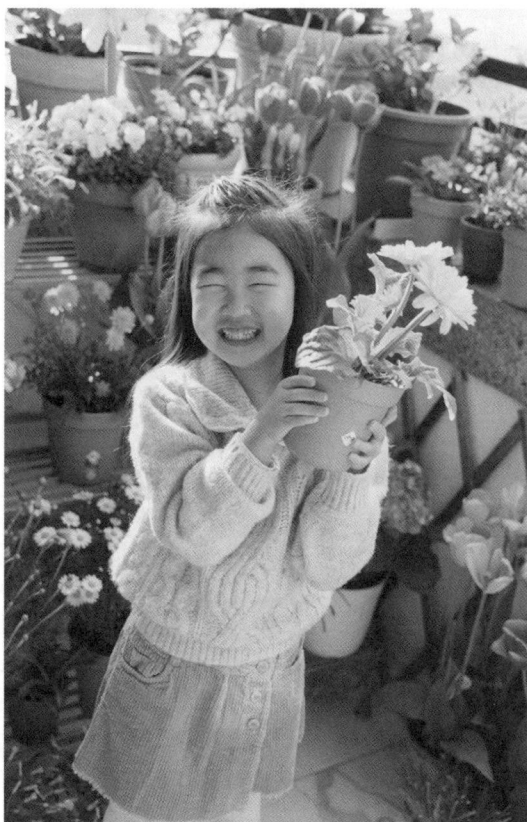

但是非常感恩，在家人心理和行动的共同支持下，我很快调整了自己的心态，找回了自己。我还是那个我，只是因为环境和各方面条件变化，在目前这个阶段，我需要扮演好妈妈这个角色。我需要暂时放下一些东西，保持对未来各种可能性的期待。暂时放下，不代表失去追求自我的机会。因为除了妈妈这个身份，我还希望我的女儿知道，每个人都是独立的个体，我们值得为了自己去追求内心向往的东西。

做好妈妈，同时成就自己

我开始阅读育儿图书，开始了解和学习拍摄 vlog[①]。在白天带孩子、夜晚学剪辑的两个月里，我找到一扇窗，让我成为一个家庭育儿视频博主。同时我发现，视频自媒体发展前期，母婴类别的内容整体不够年轻化，视频质量整体有待提高。所以，我想打造一个贴近年轻妈妈思维和内心的账号，分享我总结的科学育儿方法，包括我的顺产日记、月子记录，再传递我建立美好家庭的夫妻理念、价值观。

当我的视频帮助了和我同样迷茫的新手妈妈们时，我重新找到了自我价值感。

回过头来总结，在这个过程中，我依然有很多不足，比如因为孩子还小，我前期的更新速度非常慢；因为对视频拍摄不够了解，我在选择设备时走了很多弯路。一些过于专业的稳定器、镜头，其实对我来说暂时不是最需要的。我的视频大多是带孩子拍摄的，因为设备过于沉重，我和麦爸都很累，以至于我的更新速度一直没有提升，我对内容方向的判断还因此受到了影响。而内容才是运营一个账号的根本。

后来，麦麦渐渐长大了，我分享的也不再是最初关于育儿、新生儿的话题。家庭生活状态的改变直接影响了我的内容产出。所以我想，我需要一次转型，一个既自然又适合，并且可以让我突破瓶颈的转折。

而这一次转变，发生在我在小红书上发布了一条家庭园艺视频之

　　① video blog 或 video log，视频网络日志。——编者注

后。一夜之间，点赞收藏数超过了一万。当我还沉浸在意外和惊喜之中时，我开始不断收到观众的私信，告诉我小花园的美好、治愈，与我诉说他们生活中的难处，表示喜欢我的积极向上与乐观，感谢我给他们带去的幸福感。

也许家庭园艺会是我期待的新方向

麦麦开始上学后，我有更多的时间可以花在自己身上，所以我种了一些花。不过因为没有种植经验，所以我刚开始也是从各个园艺知识讲解视频里找寻经验。但那时，因为视频内容比较分散或者不够细致，我可能需要看好几条才能获得一个植物品种在我这个地区种植的养护知识。所以我想，我能不能总结一下新手需要了解的问题，再全面而简洁地分享出来。

正是因为这条意外收获大家喜爱的视频，我突然发现，家庭园艺可以成为我的一个新方向。它不仅可以让我分享我的种植经历，还可以继续传递我一直追求的家庭幸福感、美好的亲子关系、自然与生命的联系，还能给人们带去愉悦的心情、对生活的盼望，而这对我来说是极其重要的，因为它和我的人生目标与观念也是极其匹配的。

所以，我要做的就是坚持不懈地输出有价值的内容，让观众都受用；更多地提升自己，吸收更丰富的经验知识，让我的园艺内容更加专业化；让自己的转变与发展不仅仅靠一个幸运的意外，还有扎扎实实的知识输出和自我成长。当梦想悄然闯入我生命的时候，我要为了迎接它，做充分的准备。所以最近几年，虽有弯路，但我始终感恩，并且不后悔。

为什么种花的人爱冬天

虽然经历了低谷、寒冷、凛风，但植物的根系在土地下不断生长、壮大。它似乎有意地在积蓄能量，它等待的是一个时机。那就是有一天，泥土开始有一丝变暖，好像有一缕春风微微吹过，它们看似光秃的枝干，开始奋力发出强壮的新芽，或者从土里钻出令人兴奋的新芽。园丁们知道，他们的春天到了。

在我经历生活与工作的起起伏伏时，我有一个让人变得幸福的小秘诀想要分享给你们，那就是学会数算生命中的恩典——那些可能被我们忽视的小小的亮光。今天，我们平安地生活在日光之下，我们还可以呼吸，我们还有一日三餐，我们还有不错的工作，我们还有我们的家人。那些看似非常平常，实则细水长流的平安喜乐，我想，就是我们生命中被给予的满满祝福。

也许现在的你正处于低谷，好像无法从黑暗中抽离，但我想对你说：太阳依然会升起，四季仍旧会更替，春天也一定会回到你的身边，它永远不会和冬天一起逃走。我们只要做一件事情，那就是努力向前，向着标杆奋力奔跑。没有人是完全的、完美的，人生百态，每一种幸福都是不一样的，每一个人的生命价值也是不一样的。

就像在花园种植上，如果没有经历数年的时间，我很难真正掌握各种植物的习性，也很难在与自然的磨合中，相互成就。

绣球的花海，应该是 5 月送给我们最好的礼物。我用了两年的时间去了解绣球这种植物。

2020 年 2 月，我开始在阳台上种植绣球。那时候，看着几大盆绣球光秃秃的枝干，我完全无法体会那些园艺达人说的芽点饱满与生机盎然。到了 3 月，它们的顶芽逐渐打开，小小的新叶片翠绿且有力量。我开始体会到大自然那种不可阻挡的力量。

4 月，开始形成花苞。花苞在 5 月初逐渐膨大、开始显色。5 月中旬，绣球的美丽达到巅峰。即使我种的只是几个盆栽，但它们硕大的球形花朵和温柔的花瓣，给我带来了深深的震撼。

接下来就是 6 月花后的修剪，修剪下来的枝条只要稍作处理，就可以变成让园丁欣喜不已的扦插枝条，这意味着我们可以开始扦插培育一株属于自己的全新的绣球花了。再到秋季，就到了绣球枝叶生长的重要时期，你一定想不到，现在的它们已经在为来年的再次盛开做准备了。它们的根系肆意生长着，春天生长出来的枝条也开始逐渐木质化，它们的第一次挑战，就是为迎接寒风凛冽的冬天和自己的休眠做准备。

接着，冬天就到了。在长江流域以北的地区，绣球的叶片逐渐枯黄、掉落，像我所在的江浙地区和江浙地区以南更加温暖的地区，园丁会手动摘掉这一年的老叶片，让绣球隐藏在叶片下的芽点全部暴露出来。不过不用担心，它们早已经做好承受这个冬天的准备了。

这个时候，我不禁想起它们刚来我家的情景，那时候，它们的枝条也是这般光秃秃的，看起来毫无生机。但是现在的我知道，我只需要把这一切都交给时间，相信大自然不可阻挡的力量。

了解一种植物，尚且需要我们经历一年、两年，甚至更久的时间，那么探索我们的人生，追寻一个成就，我想一定也需要经历低谷，才能迎来春光明媚。

总有好友开玩笑说："把你丢到什么地方都不会饿死。"在聊起一些新奇计划的时候，我总是滔滔不绝。快速地适应新环境，敏锐地察觉新知识，然后慢慢踏实地吸收转化，使其成为真正属于自己的东西，再勇敢地行动，不害怕失败。这种自我学习的能力，在我成长的每一个阶段，都使我受益颇丰。

学习适应母亲的角色，快速掌握视频拍摄和剪辑的技巧，了解一个自媒体平台并发现它的底层机制，吸收各类植物在不同环境条件下的养护知识。在面对自己未知的领域的时候，我会找到适合自己的方法，再进入角色踏踏实实地学习，总结经验，将其转化为自己的知识，为即将抵达的"春天时刻"做好准备。

不得不说，读书，对我来说是一个非常有效的学习途径。

在我对成为一个园艺师还只有热情，没有足够的经验时，我选择先安静下来看书。文字是园艺前辈们对自己的种植生涯充满智慧的总结，他们毫无保留地分享每一种花卉的养护经验，而这些经验是他们经过十几年甚至一辈子得出的财富，幸运的我们，可以轻松体会这些植物四季的生长与变化。

敏锐地发现，踏实地学习。园艺知识如此，育儿知识如此，职场、人生的方方面面，也如此。

当我们的目标还不清晰、不明朗的时候，我们就需要像冬天的花园一样，不断为自己积蓄能量，蓄势待发。因为当春天来临时，我们就要盛大地开放。

不过我也深知，漫长冬日的等待，常常让人焦虑难耐，让人不知所措，但我始终相信，在我们的生命中，是有光的，是有盼望的。

现在的社会，仿佛一切都很快，快到快递可以隔天把物品送到手中，快到微信、邮件让我们忘记了收到一张明信片时的心情，也快到人与人之间渐渐少了很多联系。如今的我们，常常忘了情感的联系和生命价值的传递。

而相反，在我的花园里，一切都是很慢的，是那种历经寒冬的慢，那种积蓄能量的慢，那种修剪枝干后重新生长的慢。越着急，越种不出那盆舒展着绿叶、顶着柔软珊瑚粉色花朵的月季。

这让我想到我的一位朋友 S，她像脱离了这个科技社会一般地生活着。在我的印象里，她一直用着不太先进的手机，包里总是装着雨伞、水杯、一个生活工作的计划本和一些我们可能不再使用的东西。我感觉她甚至从来不点外卖。在参加特殊活动，比如朋友婚礼的时候，她会拿出那件放了许多年的连衣裙，带着简单的妆容发型，整洁大方得体，衷心称赞好姐妹们的打扮真是时尚、漂亮极了。她对工作非常认真负责，也很忙碌，但我还记得，在我几次需要帮助和陪伴的时候，她都及时给予真心的劝导与勉励。

就是她，让我对生活和人生价值的想象，产生了许多改变。

我开始使用年计划笔记本，好好规划自己的时间，而不是用手机随意记录；尽量减少一次性产品的使用，出门时带上自己的杯子；真诚对待每一个人，内心充满包容。

她就是我所说的，生命中带着光的人。而我也确信，每一个人内心都想追寻光。

如果可以，我希望你也尝试慢下来。可以和我一样，拿起一颗种子，给未来的自己播下期待；可以去花市逛逛，那是个极有生活气息的地方，你可以带回一两株生机盎然的植物，给它们翻盆、换土。在打理的过程中，放空自己，让自己全身心地放松下来，去感受当下的安静、当下的自己和当下的幸福。

我的幸福感，在于自己成为一个能祝福别人的人，一个能安慰、帮助别人的人。我也希望，我所做的工作除了可以增添家用，还可以成为一个通道，把幸福感传递给很多人。

我刚开始在小红书上分享我的花园视频时，内心只有一个想法：把我吸收到的所有种植经验，变成简单有效的视频内容，让刚开始接触园艺的新手朋友对盆栽种植充满信心和把握，在初次尝试种植的时候，不要因为一次失败就放弃园艺这件美好且治愈的事情。

我一年前开始分享园艺视频，两年前开始学习种植，比起园艺大师，我有非常多的不足，但是对于新手朋友来说，我和他们又是如此的相似。

我总结了我新手时期遇到的种植问题，在实际操作中不断尝试，从解决新手朋友的问题出发，对园艺知识进行简单易懂的视频讲解。我找到了自己的使命感，这对我来说真的非常重要。

在工作中，找到一切可以帮助别人的方法，然后给自己一种使命感。人生的价值永远不是用工资、收入来衡量的。

最后我想说，人生漫长，成长、追求的路程总会跌宕起伏，但即使冬日漫长，复苏的迹象也一定会在花园里出现，因为春天，已经悄然抵达了。

★麦麦妈 Abby

我叫郑信心，是一位 5 岁孩子的妈妈，也是一位家庭园艺师。

我希望为使命感而幸福地工作，期待用我的经历和经验，让刚开始接触园艺的新手朋友对盆栽种植充满信心和把握，在初次尝试种植的时候，不要因为一次失败就放弃园艺这件美好且治愈的事情。

我相信，这个世界是有光的，我也确信，每一个人内心都想追寻光。希望我的花园可以传递出生命的力量和细水长流的幸福感，给你的生活带去一丝丝亮光。

16

● 在线汉语老师 Wendy

足不出户也能桃李满天下

最好的学习方式就是去教导他人。

在大型企业工作竞争太激烈，做生意难控风险……天无绝人之路，我另辟蹊径。与其劳碌奔波，不如在家讲课！我每天的工作就是在家用电脑给世界各地的外国学生上课，教他们汉语的同时还能提高自己的英文水平，工作时间灵活，工作地点自由，每天工作四五小时，月入 15000 ~ 20000 元。这就是我现在做的工作——线上汉语老师。我是做线上汉语老师六年半的 Wendy。

我是怎么开始的

还记得六年多以前的一个早晨，我像往常一样打开电脑查看邮件，惊喜的是，我终于收到了来自 italki 网站（全球最大也是最早的线上语言教学网站之一）的通知。当时，我完全没有想到自己会得到这份工作，一是因为我不是教育专业出身，二是因为我当时的英语水平相当有限。完全凭借自己对语言的热爱和在教学过程中的摸索与学习，我把这份当时还鲜为人知的工作持续做到了今天。我的学生遍布世界各地，我足不出户，却能在这方寸之地与他们亦师亦友。在传播汉语的华美与博大的同时，我的英语水平也与日俱增。2021 年 5 月，我的职业栏里又多了一个"斜杠"——小红书博主。我开始在这个平台上分享我的工作和生活，让和我一样的人多一种对自由的生活方式的选择。

一开始，我完全没有经验。我在网上找了很多免费进行语言交换练习的小伙伴，练习英语口语的同时积累教学经验。我记得我的第一个学生是一个美国人，他的汉语水平和我的英语水平一样差。我内心紧张，头脑空白，不知道怎么开始。谁知他一上来就用汉语和我打招呼，给了我一种"他的汉语还不错"的错觉，我也愉快地回应着。可没说几句，他就呆呆地瞪大眼睛看着我，尴尬地说："Sorry, I don't understand what you've said."（对不起，我听不懂你在说什么。）之后的几十分钟，我俩就在"你说的我听不懂，我说的你不明白"的紧张气氛中，手忙脚乱地上着课。下课后，我出了一头汗。

那时，已经有 3 年线上汉语教学经验的妹妹 Rachel 说，她上课很少说英语，而且很多在网上教汉语的老师，英语口语并没有我想象的那么好。我很好奇，那应该怎么和外国学生沟通呢？"你不用管你的英语语法是否完美无缺，也不用管你的英语发音是否标准，重要的是你会使用工具，会提前为你的课做充分的准备，这一点极为重要。"她说。

"另外一点就是心态。网上大部分想学汉语的学生，他们可不是抱着'我交点课时费，就把我的全部成败交给老师'的态度来学习的，他们中很多人有自学一门外语的经历，深知学习语言的根本是靠自己的积累，而找个汉语老师进行口语练习，只是其中小小的一环。这么说吧，你就是一个语言陪练员，所以不要那么紧张，放轻松。"

Rachel 的这番话仿佛一下子打通了我的任督二脉，之前的紧张和慌乱也渐渐平息。有一个比较明确的自我定位，我们才能摆正心态，做出积极的回应。于是，我整理好自己的情绪，开始为我的下一个学生做教学准备：收集学生信息，了解学生的学习目的和他喜欢的上课方式，做充分的课程准备。

　　一切准备就绪后，我和我的这个美国学生的汉语课上得很顺利。他很喜欢我的课，并且愿意向我持续学习。虽然在过程中我还有英语解释得不太清楚的地方，发音也有问题，但我的学生完全能理解，并且非常友善地对我说我的英语不错，他也愿意和我练习英语口语。

我和我的学生们

　　自从进入这个全新的领域，我时刻处于学习和成长的状态。这份自由职业给我带来了很多乐趣，让我认识了很多有趣的学生，我也在他们身上看到不同的文化和价值观。

　　大山是一个身高 180cm、住在泰国的俄罗斯人，长相秀气，性格谦和，有种"仙风道骨"的气质。从小就是"学霸"的他是一名计算机程序工程师，他酷爱中国传统文化。在成为我的学生之前，大山的汉语水平就已经相当高了，阅读中文课文和讨论相关话题都不是问题。之所以来上课，是因为他希望自己的汉语语法和用词更加准确，能够更加自然和流利地表达自己的观点。

　　每次上课，大山都会提前准备好，预习课堂内容，把问题记录下来，以便在课堂上提出。课后，他把自己总结的学习内容发给我，让我修改他用相关短语造的句子。不难看出，他是一个认真严谨的学生，他的学习方法和学习习惯非常好，所以他的学习效率非常高。

　　大山是一个自由职业者，不受工作时间和地点的限制，所以他的生活自由度很高。即便如此，大山依然很自律，每天按照自己的日程表工作、学习，生活得很健康，也很丰富多彩：下围棋、滑雪、冲浪、爬山、赛车……在他身上，我看到了专注和投入的力量，他感染着我做一个认真对待生活的人。

　　和大山上课比较轻松有趣。为了教学内容的丰富性，我也开始拓展阅读范围。

我遇到的"奇葩"学生

我记得第一次和 D 上课是在 4 年前，他定了一节 30 分钟的试听课。刚上课，他问的第一个问题是："你的课凭什么那么贵？你只是一个辅导老师，为什么比一些职业老师收费还高？"我当时就被他流利的汉语以及这个问题本身给震惊了。我大概停顿了 5 秒才回过神来，略带尴尬地说："这是我自己认为合理的价格。"很显然，他对我的回答不满意，因为他说："你这个回答没意思，我当然知道是你自己定的价格，但为什么你定得那么高？"天呐！我顿觉脸红耳热。我到底应该怎么回答呢？当时的氛围相当尴尬。学生质疑我们的专业度的时候，就是需要我们表现得更专业和从容的时候。我当时迅速调整自己的情绪，快速思考如何应对。于是我告诉他，我在每节课的课前、课中、课后分别会为学生做些什么，这些会花费我多少时间和精力。听了我的回答，他点了点头，说："Make sense！"（有道理。）然后，我们才开始正式上课。下课后，我本以为他不会再定我的课了，老实说，那节课的紧张氛围也让我对我们以后的课没有任何期待。谁知道他下课以后马上定了一个课时包（10 节课），每周 2 节课。后来才知道，他上大学时在香港大学当过交换生，也在上海住过 1 年，中文底子不错。在和我试课之前，他已经和很多线上汉语老师试过课了，都不太满意。他是一个很严谨的英国律师，对很多事情都很较真。

直到现在，我给 D 上课也还是会紧张，因为他的要求很高，问题很多。但是我不想失去这个能让我提升的学生。我花了很多时间寻找有趣的课程资料，记录他的学习变化，调整教学方式，每次下课后都总结学过的句子，然后发给他，尝试各种方法提高他的汉语水平。

一天，D 告诉我他想跳槽去某家企业，面试官是中国人，他有点担心自己的中文水平不够好，无法给面试官留下好印象，请我帮助他。我第一次看到他胆怯的一面。于是，我们花了一个月的时间准备和练习，最后他通过了面试，成为这家公司的专职法律顾问。那天上课，他很高兴，真诚地对我说了声"谢谢"。

D 对我最大的肯定就是持续上我的课。这个一开始让我尴尬和害怕的学生，最后成了让我在教学之路上不断精进的帮手。他也真的让我觉得自己是一个合格的线上汉语老师。（就在我回顾我和 D 的上课经历时，收到了他给我发的信息，为他今天上课时情绪不好向我道歉，好巧！）

最近有一个学生问了我一个问题："你喜欢你的工作吗？"我回答道："越来越投入，越来越喜欢！"这份工作到底给我带来了什么？

这份看起来很自由的工作反而让我的生活更自律了，因为在没有人监督和要求你的时候，要想坚持做好一件事，唯一的途径就是自律。自律不仅可以让自己的生活更健康、更规律，而且是提升自己精神力的锻炼，你会在每天的刻意练习中更欣赏和肯定自己。还有一个重大收获是我更爱学习英文了，不是因为我觉得会说流利的英语看起来很酷，而是因为我喜欢大脑在学习不同语言时的不断调换，这让我拥有了更多的思考角度和表达方式，这是只会说一种语言时不曾有的感觉，也是一种逻辑的锻炼。

线上汉语教学行业现状

前几年，身边有朋友问我在做什么，我说在线上教外国人说汉语。他们都会很诧异地说："那是一个工作？能赚到钱吗？"在 2019 年以前，线上汉语老师这个职业鲜有人知。其实，线上语言教学平台网站早在 2010 年以前就出现了（italki 是在 2008 年成立的），到今天已经有了十余年的发展。最近几年，越来越多的人在寻找远程办公的工作机会，很多人才开始关注这个新兴职业。

在六年半的线上教学工作中，我一直在关注这个行业的发展和改变。之前只有语言教学平台型网站，现在出现了很多中文教学机构型网站。

机构型网站相当于线上语言学校，大多只提供汉语这一种语言的教学，学生群体主要是华裔儿童和外国的少儿学生。网站有自己的教材和教学系统，对线上老师也有更高的申请要求和更规范的管理。申请的老师们需要有专业证书，最好有教学背景，经验越丰富越好。机构会为老师匹配学生，保证相对稳定的课时数，也就是会有相对稳定的月收入，但自主性差了很多，性质和线下的一对一课程差不多，属于雇佣制。

我最初选择的是平台型网站，因为当时并没有太多语言教学机构进入这个行业，而且我不是科班出身，没有相关证书。对于我这样的素人，平台型网站的要求就宽容多了。你可以把它看作一个教语言的淘宝网，店家是每个独立的老师，售卖的产品就是我们提供的教学服务。网站上提供多语种教学，比较热门的是英语、西班牙语、法语和汉语。随着中国经济的发展，学习汉语的人在不断增加，现在，汉语已经成为第二热门的学习语言。相对来说，平台型网站对老师的准入门槛比较低，也更具开放性。很多平台接受两种类型的老师：一种是有教学资质的专职老师，老师可以定制不同类别的课程，课程价格也会相应地设置得高一些；另一种是没有教学资质的口语陪练，课程设置为口语练习，学生不会对陪练老师做太多的要求。外国学生根据自己的喜爱和需求选择老师。老师和平台属于合作制，因此老师需要建立个人品牌，自负盈亏。

长远来看，选择线上学习汉语的外国人一定会越来越多，我个人很看好这个行业。和我接触过的很多外国学生不止一次提到，要找个好老师很难。一边是学生苦苦寻找好老师，一边是老师苦等学生定课，这两边的失衡是目前线上汉语教学行业发展的障碍以及需要解决的问题。除此之外，对线上老师的培训课程和机构目前都比较匮乏。目前能在网上找到的，大多是线下大班课的培训内容以及一些考证培训，而线上课与线下课有很大的差别，上过线下课的老师也需要相当长的时间来适应线上教学。因此，我希望通过自己的努力来填补这一空缺，帮助更多想要进入这个行业并且寻求长期发展的老师。因此，我与行业内非常资深的线上汉语老师 Rachel（教龄九年半以上，教课时长超过 10000 小时）研发了一些课程，并且希望搭建自己的中文语言学习平台，为我们培养的老师提供更多、更稳定的授课机会。目前，我们已经帮助上百名对这个行业感兴趣的新手实现了向线上汉语老师职业之路的迈进。

万事开头难

做这个工作最难的时候就是一开始的低迷期。我记得我是在网站上申请成功 1 个多月后才有了第一个学生（没有学生评价的老师，不太容易得到新学生的关注）。之后的大半年都只有零零散散的几个学生。多的时候一天有两三节课，一天一节课都没有的情况也时有发生。那个时候，我只能把这份工作当作兼职，同时还在做一份自己不太喜欢的销售工作。直到 2016 年下半年，我的课程才逐渐稳定下来，平均每周可以售出 15 节课，当时我的课程定价是每节课 10 美元（那时候的人民币对美元汇率约 1∶7），一节课用时 1 小时。一个月下来，扣除平台手续费（15%），我能赚 3500 元左右。我当时告诉自己："如果我的收入能稳定达到一个月 5000 元以上，我就辞掉销售工作，专职做线上汉语老师。"2017 年，我的目标达到了。从此之后，我每年按照 15% 左右的幅度涨课时费，并且获得了更多的学生。在从事这份工作的第 3 年，我每个月的课时费突破了 1 万元。之后的收入还在不断增加。

我觉得新手老师最大的挑战就是要面对最初 1 年或几年的低迷期。你有没有足够的储备资金养活自己？有没有足够的耐心等待学生的到来？有没有途径找到外国的学生积累经验，提高自己的教学能力？我认为我坚持下来的主要原因是我当时有一份兼职工作，支撑我度过了那个积累的过程。我也非常享受工作时的状态。虽然初期课少，我的收入很低，但在那个阶段，我沉浸其中。当时线上课程还是一件很新鲜的事儿，在网上能和世界各地的人交朋友，教他们汉语，我自己也觉得很不可思议。

成为线上汉语老师后，我的生活发生了改变

最大的改变应该是我英语口语水平的提升，从最早的哑巴英语、完全连不成句，到现在能自然流利地和外国人沟通。如果不是这份工作，我的英语不知道要到什么时候才能达到这个程度。虽然我现在的英语水平与我满意的状态还有很大的距离，但是我已经把学习英语当成我的爱好之一，坚持每天至少学习 30 分钟。我还发现，要成为一名语言老师，自己不想学习是不行的，我们需要不断总结语言规律，分析文化差异。母语不同的人，思维方式也是不同的。在这一行业的时间越久，我就越对这些与赚钱无关的细节着迷。

我的上课时间是早上 8 点到晚上 8 点，每天学生定课的时间段都是不一样的，没有特殊情况我不会取消或换课，这也是稳定生源很关键的一点。在开课前 24 小时，课程就被锁定了，所以我会在头一天晚上做第二天的日程安排。上课，备课，看书，瑜伽，上舞蹈课，弹钢琴，学英语，写视频脚本，拍视频，剪视频，做直播课……每天都安排得紧凑且充实。长期的自由职业生活让我养成了主动的行事风格，所以自律只是一个制订计划并习惯执行的过程。

希望能帮到那些向往自由生活的小伙伴

想要申请做线上汉语老师的你至少需要考虑两方面内容：一是平台对申请老师的要求是什么，你是否达标；二是你的性格、生活作息、工作状态是否真的适合做线上汉语老师。从进入这一行业开始，你不仅是在做一份工作，还在经营一份自己的事业。

申请者的"闪光点"越多，申请通过的概率也会越大。

（1）有相关的资质证书。

对外汉语相关专业应届毕业生＞专业机构对外汉语教师证书＞中文教师资格证书＞英文教师资格证书＞其他学科教学资质

（2）具备一定的英文水平。

熟练掌握多语种＞中高级英文水平＞初中级英文水平＞英文2级水平以下

（3）有一定的教学经验。

线上对外汉语教学经验＞线下对外汉语教学经验＞线上英文教学经验＞线上其他语种教学经验＞线下其他学科教学经验

回首刚进入这个新兴行业的我，茫然无知，心里充满对未来的期待与想象。我很庆幸在这个科技飞速发展的时代遇到一个自由且具有挑战性的工作机会。时光荏苒，从事线上汉语教学工作六年半，进入线上教育这行是偶然也是必然，像我这种向往自由、充满好奇心又喜欢探索和挑战的人，注定会在某天发现自己向往的道路。只要不在遇到风雨泥泞时退却离场，也不在阳光绚烂时太过张狂，就能在这条道上慢慢走稳。

不要高估短期内的回报，更不要低估长时间坚持带来的改变。 这是我送给所有想要加入这个行业的人的话。做时间的朋友。

拥有诗和远方的自由，不是以眼前的苟且为代价。正是利用了便捷的渠道，珍视了眼前的机会，激发了自身的价值，向往自由之人才兼顾了食色生活与心中理想。

★Wendy 爱自由

职业线上汉语老师。30岁从零开始探索自由职业之路。自学取得了哥伦比亚大学教育学院对外汉语教学（TCSOL）证书。在六年半的从业生涯中，为世界各地400多名外国学生开展超10000小时线上汉语课程。中文语言教育平台AiChinese创始人，致力于帮助更多汉语老师向全世界推广中国文化和汉语教育。

17

● 插画策展人秦叔

33 岁辞职，做享誉国际的插画大展策展人

设想我 60 岁的时候，回想 33 岁时那个创业机会，我只会为没抓住它而感到后悔。等到 60 岁再后悔，就什么都来不及了。

引子

我从来都没想过，我一个不会画画的人，能成为国际顶级插画展的策展人。

6 年前，还在出版社工作的我，在工作之余策划了第一届 BIBF 菠萝圈儿国际插画展。当时很多专业人士对我和我做的事情充满质疑："你是从哪儿蹦出来的？""你有作品吗？""你是学美术的吗？""你参与过策展吗？""你有专业的团队吗？"

他们一定想不到，我策划的插画展到现在已经进入了第 7 个年头，成为全球知名的插画展。每年的插画展上，很多插画师慕名来到北京，找我进行"作品集问诊"。我也成了很多新手插画师职业道路上的领路人。

开端

10 年前，我在微博上偶然认识了人生中第一个插画师朋友，她叫"水母咪"。那时，我在出版社做编辑，她在广告公司做设计。我为她策划出版了她的第一本原创绘本《梦想集》，书里画了水母咪在网络上征集的 100 个人的梦想。

10 年后，水母咪作为自由插画师，已经出版了 20 多本绘本，在业界小有名气，已成为她梦想中的"绘本插画师"。而我，离开了工作 11 年的出版社，做了一个叫"菠萝圈儿"的国际化插画师资源平台，成为大众眼中的"创业者"。

我可以很确定地说，我从来没想过我会做插画这行，更没想过自己会创业。与大多数人一样，工作不顺心的时候，我只会想是不是要换个工作，但往往都是和朋友吐槽一下，然后将这个想法默默藏起来。

想想，应该有很多人和我一样，每当提出想离职的时候，全家人都会劝"你这工作多稳定啊""你这工作多轻松啊""虽然钱少点，但是有寒暑假啊""你这可是铁饭碗啊"……这些观念让我陷入无尽的思考，总觉得他们说的都挺有道理，却又好像哪里不太对。

"我们习惯了选择别人眼中'好'的人生，却很少问自己，什么才是自己真正想要的人生。"

事实证明，我并不是一个乐于接受传统观念的人。

从 2006 年进入出版社，我先后做过图书发行、市场营销、书店店长、策划编辑。2012 年，我在市场部做营销的时候，策划了上文说的那本《梦想集》。与之一起策划出版的，还有插画师"排骨"的原创绘本《晚安集》。现在看来，这两本绘本属于我的"策划代表作"，对我后来做菠萝圈儿意义深远。

我是我所在的出版社成立 30 多年来，唯一从发行跳到编辑岗位的人。在很多前同事眼里，这都是一个奇迹。出版社的编辑岗位大多需要中文相关专业的研究生学历，而我的学历是金融专业的本科，似乎完全不沾边。

在山版社做编辑，想策划一本新书，需要通过社里的选题论证会。我清晰地记得，2015 年 5 月，在一次选题会上，我准备了一份特别完整的提案。我说我认识 300 多位插画师，希望社里成立一个绘本品牌，每年做 10 本原创绘本，因为有《梦想集》和《晚安集》的成功案例，我只需要两三年的时间就能把这个品牌做起来。

选题会的评委貌似都没有认真看我准备的 PPT，其中一位评委说："你不就认识 300 个画画的吗？"还有位评委说："你这种书光是画，也没几个字，谁会花好几十元买这种书啊？"

这个时候，PPT 上播放的正是我为了说服评委而准备的"读图时代已经来临"的页面。很显然，他们对插画绘本一点儿都不了解，他们一定没看过那些在年轻群体中很受欢迎的绘本。

那一天，我特别不服气，动了辞职的念头，心想："大不了我自己做。"

喊口号是容易的，等真正要落实到行动上的时候，就没那么简单了。对当时的我来说，辞职是不会被家里人接受的。31 岁，从大学毕业后就只在一个单位工作，还有个 2 岁的宝宝需要照顾。如果在那个时候说让我创业，我绝对是缺乏勇气和自信的，会担心失败后找不到工作。我们总是习惯于让自己生活在舒适区，但所谓的"舒适"实际上是思想和认知的"牢笼"。所以那时的我做了个保守的选择——在工作之余做做公众号，组织一些与插画相关的小组活动。

创立"菠萝圈儿"的初心——插画的世界，插画师的朋友圈

好多人问我当初是怎么想到做插画这件事的，其实原因很简单，我就觉得当时国内好看的绘本太少了，而那个时候国内已经有很多优秀的插画师了，我想让编辑们看到这些优秀的插画师，做出更好的图

书产品。还有一个原因就是，《梦想集》的作者水母咪出书后，合作邀约不断，因此走上了自由插画师的道路。我觉得这个模式可以复制，也特别有意义。有了水母咪的成功案例，很多插画师来找我，希望我也能帮他们出书。当我看到他们的作品那么优秀的时候，我内心的使命感油然而生，我觉得我需要为插画、插画师们做点什么。

每个人都有梦想，尽你所能帮助别人实现他们的目标。

2016年1月9日，我和当时的合伙人一起策划了一个由340位插画师创作的包含365幅作品的插画展，惊动了插画圈。现场来了一百多位插画师，还有一些是特意从外地赶来的。在那里，我们宣布"菠萝圈儿"正式成立。"菠萝"是"伯乐"的谐音，"圈儿"意为"插画师的朋友圈"，我们希望能带领优秀的插画师迈入出版界，走向世界。

那场插画展之后，我们就策划了集结25位国内优秀插画师作品的"小红书"*Illustrators from China*（《来自中国的插画师们》），并把它带去了意大利的博洛尼亚国际儿童书展，那里有着全球最负盛名的插画展——博洛尼亚插画展。我们把那本"小红书"拿给很多国外出版社的负责人看，他们都对中国插画师的实力赞不绝口，表现出了极大的兴趣。那次交流给了我很大的信心。

没过几个月，在一次机缘巧合之下，我认识了亚洲最大的国际书展（也是全球第二大书展）——北京国际图书博览会（BIBF）的主办方、中国图书进出口（集团）总公司（以下简称"中图"）的相关负责人。他们看到"小红书"之后，爱不释手。我向他们表示，希望咱们中国也能有自己的插画展览，无论推动行业发展，还是促进国际文化交流，这都是特别有意义的事情。当时中图的领导特别认同我的理念，给予了极大的支持和鼓励，让我放手干。我想，他们就是我的伯乐。

一个人的插画展

那天我特别激动，从中图出来就给我当时的合伙人打电话："这可是咱们绝佳的机会，要想把这个事做好，咱早晚得辞职出来全职做。"电话那头沉默了一会儿，然后说他需要考虑一下。

然后，就没有然后了。他说他不能辞去现在的稳定工作，觉得这样做太冒险了，决定退出。

你很难想象，筹办第一届插画展的时候，只有我一个人，还是在兼职的情况下。从公众号内容的更新到展览的宣传，从作品征集到收稿整理，从展览策划到现场搭建，从活动嘉宾邀请到现场活动组织，都是我一个人操办的。因为没有经验，有一次，为了赶一个公众号的稿子，我改到了凌晨两点，第二天又早起接着去上班。

紧锣密鼓地准备了两个月，2016 年 8 月 24 日，首届 BIBF 菠萝圈儿国际插画展，在北京新国展问世了。

166 平方米的展位熙熙攘攘，过往观众无不驻足拍照，合影留念。对大众来说，插画这个事物绝对是新颖的、有意思的。为了全程跟展，我请了 5 天年假，我的同事没有人知道我在做什么。与之相关的一切，我都在朋友圈设置了"部分可见"的权限。

展览那几天，最让我印象深刻的是，有好几家出版社的社长或总编辑过来找展览的负责人，说他们一直在找插画师。业界顶尖的中国少年儿童新闻出版总社和中信出版社的领导，还邀请我去社里给编辑做培训，介绍插画行业的现状。

我当时的内心感受无法用语言形容。一个在出版社工作了 10 年的基层员工，突然间被自己仰望了许久的业界前辈邀请，他们甚至把我当成了插画领域的"专家"。我觉得这一切都太不真实了，但特别激动的是，有这么多业内人士能看到插画本身的价值。

4 天的书展结束了，客流量达 30 万人次。撤展的那一天，我看着正在被拆除的展厅，百感交集。回家的路上，我大哭了一场。一个人做一个展，可以说是个奇迹，我都不知道自己是怎么撑下来的。那一刻，我是有些许遗憾的，我多么希望在社内获得一个向上成长的机会，毕竟我对这个工作了 10 年的单位，是有很深的感情的。可那似乎是一种奢望。

新生

2017 年 3 月，社内彻底否定了我们之前的选题方向。我想这就是"压死骆驼的最后一根稻草"了，直到那一刻，我才鼓起勇气离职。幸运的是，我被 BIBF 邀请去意大利参加博洛尼亚国际儿童书展。办好离职手续的第二天，我就跟随出版业的官方参展团，一起飞往意大利博洛尼亚，开启了人生新的篇章。

做一个国际插画展（大赛）最重要的是什么呢？是要让全球最优秀的插画师都来投稿。好多人都好奇，我是怎么把那些国外插画师的作品征集来的。其实我也没什么高级方法，就是靠地推。

每年我都会带着一大行李箱的宣传物料，去博洛尼亚书展现场。博洛尼亚书展上有很多出版社的编辑见面会，插画师们会排队让编辑看自己的作品集。我就顺着队伍，厚着脸皮，挨个给插画师发宣传单，并用自己的"Beijinglish"[①]跟他们说："中国有个 300 平方米的插画展，是亚洲最大的书展的官方赛事，如果你想进入亚洲市场，就快来投稿吧。"对于国外的插画师来说，免费投稿，还有机会收获奖金，他们当然愿意参加了。

有了更多国外机构和插画师的参与，我们的插画展获得了更多业

---

① Chinglish（中国式英语）的变体，指京腔英语。——编者注

界人士的认可，迅速在出版界和插画圈站稳了脚跟。尤其是在 2018 年的博洛尼亚国际儿童书展上，我策划组织了首个中国插画师海外参访团，在意大利做了一场中国插画师的合作推介会。作为中国插画界的代表，我们还在书展的官方活动区做了两场国际青年插画家交流活动，向在场的专业观众介绍了中国插画行业蓬勃发展的现状。我因此接受了《中国日报》的采访，《出版人杂志》也用一个对开版面对我们做的事情进行了大篇幅的报道，我也借此登上了国际化的行业舞台。

那时我才离职 1 年，这条路看起来走得一切顺利，其实不然。

做事和做公司完全是两码事。如果你问我创业的勇气是从哪里来的，我一定会说，我当时绝对把创业这件事给想简单了。实际上，我的从业过程是缺少职业规划的，由于我一直是比较强的单体输出，并没有接触过任何管理工作，所以真到做一个企业的时候，我的短板就暴露出来了。

这里我特别建议职场新人，一定要对自己的职业成长有个相对清晰的规划。不能拘泥于眼前的工作能做什么、能挣多少钱，一定要认识到这个行业和岗位能给你带来哪些提升，要做长远的打算。

插画展的影响力并没有为我的公司带来足够强的发展动力。虽然我们与周大福、融创地产有过项目合作，但公司成立最初的两年，我们主要是靠接出版社的图书项目维持生计，说白了就是做中间方，赚差价。国外的插画行业有很多插画师经纪公司，它们会代理很多插画师，将其推荐给出版方、品牌方。而国内没有类似的经纪公司，我们尝试过，但没有成功。印象最深的是我们接了一个出版社的图书插图项目，插画师是我们给编辑介绍的。这个项目结束后，插画师直接和编辑建立了联系，以后的合作就和我们没有关系了。

作为租过房的人，我特别能理解他们，要是我，我也想跳过中介直接和房东签约。

这时候我很唏嘘，如果没有我，他们是不会互相认识的。我想帮他们，但他们不觉得我是在帮他们，也或者他们觉得，既然是"帮"，就不应该赚他们的钱。就这样，我们的工作陷入了死循环，最惨的时候，公司只剩下一个员工，而且账上的钱只够发一个月的工资。

"只有奄奄一息过，那个真正的我，他才能够诞生。"朴树在歌里这样唱。

好在天无绝人之路。那一时期，在线教育行业飞速发展。新东方的老师主动联系我们，要和我们进行大批量的插画合作。就这样，在两年的时间里，我们成了腾讯、字节跳动、新东方、学而思、作业帮等机构的插画供应商。

与此同时，随着插画展一年一度的举办，菠萝圈儿的名气在圈里越来越大。我开始在各种活动中给大家分享圈子里的事情，教大家如何做出版、接商业稿、报价、签合同等。没想到我这样做，插画师们觉得我帮助了他们，我因此在圈子里逐步建立了威信。有插画师被拖欠稿费，就会来找我。我就直接去找负责人，帮他们解决问题。

2019 年 10 月，为了让更多的人了解插画行业的知识，我们开设了新品牌"菠萝插画学园"，上线的第一门课是我讲的"插画师的财富自由之路"，教插画师如何做职业规划。在如此小众的插画圈，有近千人报名这门课。我好像突然找到了公司转型的方向，开始疯狂学习互联网运营知识，就像打开了新世界的大门一样。当时我觉得，自己用了这么多年互联网，其实完全不懂什么是互联网思维、为什么大家都说大数据重要，确实有些后知后觉了。

幸亏我们做了这个向线上的转型。没过几个月，疫情就来了。我们几乎没有受到影响，反而在知识付费领域做出了自己的特色。现在群里提到绘本方面的课程，很多人会推荐菠萝圈儿的课。随着现金流的日益充盈，团队也在不断壮大。可好景不长，2021 年春节前夕，团队因某些问题出现了争执。春节过后，公司一下少了一半人。

这就是我前面说的，在管理方面，我缺乏相关经验。我一直觉得小公司是靠团队的氛围和感情来维系的。事实并非如此。我最信任的，也是待遇最好的员工，因为同事关系的问题，跟我拍桌子大吼。

这几年，我面试过的人少说也有两三百，我发现大多数人一开始就把自己放在了打工者的角色上，即站在了老板的对立面。我在课上讲过："你的插画能卖多少钱，要看你能为甲方带来多少价值。甲方花 2000 元买你一幅画，他能拿这幅画赚 4000 元，那他一定愿意为你付费。"但在实际工作中，我们总会产生很多情绪，但情绪无法帮助你看清事实，有这个时间，不如去思考如何更好地提升自己。

现在回想起来，我至少用了两年的时间，才洗刷掉之前的思维习惯和生活方式。也就是在 2019 年，我才有了个创业的样子。所以说，认知局限太可怕了，但打破认知局限也不是一两天就能完成的事情。

为了更好地发展，2021 年 11 月，我们公司从民宅搬了出来，搬进了北京二环边上的"新华 1949"文化金融创新产业园。我和同事开玩笑说："我们在'小乡镇'做了 5 年，是时候去'大城市'闯闯了。"搬家收拾东西的时候，我再三叮嘱同事，要把那仅有的两本"小红书"照顾好，那是我梦的开始。

一个月后，为了让更多的人了解插画圈的行业知识，我开始在小红书上发布视频笔记。我才发现，原来有那么多人像我一样喜欢插画，想从事与插画相关的工作。我的一篇笔记目前浏览量已过 10 万，它反映了插画行业现存的最大问题——夸大宣传太多。我的小红书后台收到很多私信，说自己被某机构忽悠贷款买课，学不好又不给退钱，自己现在还在上学，每个月的生活费还完贷款就不剩什么了。

我看了非常痛心。我们一个专业做插画 6 年的公司，做"零基础插画入门课"也就卖 1000 多元，一些培训机构居然会卖 6000 元甚至 9980 元的课。喜欢插画的小伙伴啊，请你们擦亮眼睛，贵的，不一定就是好的。不要相信"零基础学插画三个月就能变现""在家接单""任何职业都能学会插画变现"这样的话。好多专业院校毕业的学生都做不好插画变现呢，哪儿那么容易。

相信我在小红书平台的持续更新，一定能帮助更多的人。我也在我的课程里鼓励大家来发小红书，一起分享自己与插画有关的生活。我相信这个行业会越来越好。

"职"得热爱——关于工作与热爱

好多粉丝问我："我喜欢插画，您看我适合做插画这行吗？"这时候，我就会反问他："那你觉得我适合做插画这行吗？"如果单从"属性值"上看，我好像没有一点适合做插画的"基因"，但这并不妨碍我用我的方式在这个行业发光发热。关键的问题在于，大多数人只是"喜欢"，远没有达到"热爱"的程度。为了这份热爱，我在 33 岁时放弃了稳定的工作，没给自己留任何后路。我相信，只要你足够热爱这一行，你肯定能在这个行业里找到属于自己的位置。

尾声

2017 年的插画展期间，我组织了一个有 50 位插画师参与的圈内聚会，当时我和大家说，意大利的博洛尼亚插画展已经办了 50 年，我们自己的插画展也要办它 50 年。今年，BIBF 菠萝圈儿国际插画展已经是第 7 届了，它不再只是个展览，而是一项国际文化活动。我很荣幸成为火炬的传递者，相信未来会有更多人愿意把属于插画的火炬一直接力传递下去，也会获得他们一生中最闪耀的时刻。

★插画圈秦叔

原名秦楠，"菠萝圈儿"创始人，策展人，中信童书绘本出版顾问。

2006 年进入出版行业，策划出版了多部绘本和插画集。

2016 年创立"菠萝圈儿"，与全球第二大书展——北京国际图书博览会共同创立 BIBF 菠萝圈儿国际插画展，已连续举办七届，成为世界插画领域的顶级展览和赛事。

2018 年受邀作为中国插画行业代表参加意大利博洛尼亚国际儿童书展官方论坛。

2019 年开设菠萝插画学园，已推出上百节插画课，累计学员超 40000 人。

2020 年创办机会印社，为插画师提供专业级艺术微喷服务。

18

● 交易律师二喵 Mew

在刀尖上跳舞的交易律师

永远选择正确的事，不选择看起来更容易的事。

说起女律师，大家会想起什么？厉害、强势？大家或许在敬佩之余还有点避之不及……

从业至今，十年有余，我常被人问起："女孩子为何要这么辛苦地读法学院、做女律师？"

因为我是坚定的"长期主义者"。

像个战士一样

选择做律师，只因为热爱，因为适合，并未考虑容不容易，也没考虑什么性别因素。如果要进入职场战斗，那就像个战士一样，别想自己是不是女孩，别想容不容易。

先简单介绍一下我的从业经历。我在国内某院校取得法学学士学位后，又在国外某大学取得了金融与银行法的法学硕士学位，回国后先后在某外资律师事务所和某红圈所就职。2019 年离开律所，现就职于某一线互联网公司，负责集团对外投资并购项目的法务工作。从乙方到甲方，我的执业领域一直与公司投资并购相关。我这种类型的律师被称作"交易律师"。

那么，交易律师是什么？非诉律师是什么？这些不开庭，不能帮亲友解决离婚、房产纠纷的律师，为何也叫律师？不瞒大家说，其实有很多亲友在我从业多年后仍搞不清楚我到底在做什么律师，今天，我索性做一个科普。

现代社会，律师也逐渐细化，"万金油律师"越来越少。更多的专业律师选择将他们的专业知识集中在一个特定的职能范围内。

交易律师专攻商法领域。在这一领域中，交易律师起草、执行和管理重要的商业文件，如公司投资、融资合同，资产转让合同，并购交易文件等。

交易律师为其公司客户开展的各类交易活动提供专业的法律咨询服务，包括但不限于设计交易结构，进行法律尽职调查工作，起草各类交易合同、备忘录及监管机构要求的任何应由律师出具的法律文件。

对一个交易律师来说，回答"一个公司应该如何在天使轮融资时进行公司治理结构的设计"比回答"婚前房产加了名字，离婚之后房产归谁"之类的问题，要容易得多。

大众日常生活中鲜有机会遇到交易律师，所以，交易律师确实是一个非常小众的职业，但也不可或缺。在成熟的商业社会中，越来越多复杂的交易需要专业人士协助交易双方或多方推进。比如，一家中国公司要到欧洲收购一家公司，这个交易中涉及两个不同法域的法律法规，买卖双方在这个跨国交易中应遵守不同的监管要求，从目标公司涉及的行业法规、外商投资相关的法律法规到交易中可能涉及的外汇问题、劳动法问题、税法问题等，都需要专业的律师分析处理。交易律师不仅要确保交易按照其适用法律法规的要求进行，还要懂商业——我们帮助客户设计的交易结构和条款需要满足买卖双方的商业诉求。

你无法想象的工作时长

我来到目前任职的互联网公司后，经常被问及"996 是不是很辛苦"，我都只是笑笑，来这里其实已经是在"回血"了，当年在律所可是"007"。[①] 这真的不是夸张，我现在身上大大小小的毛病确实是在律所工作期间落下的。

碰上紧急的收购项目，交易律师经常连续几周谈判，白天和交易对方唇枪舌剑，晚上熬夜改交易文件。我有过连续 15 天、每天睡 3 小时左右的经历，那两周下来，说是掉了层皮也不夸张。如果是日常工作状态，每周可以休息半天就要谢天谢地、觉得非常庆幸了。

不仅如此，交易律师没有固定的工作时间，我们的工作是随时随地进行的。我曾在任意饭店的饭桌上、机场行李传送带旁、沙漠里、饭馆门口、出租车后座、马路边等地方掏出电脑开始工作。

我们经常苦涩地自嘲："交易律师的工作实际上是重体力劳动，体力不好真的做不了这份工作。"

超强工作压力

在宏观层面，交易律师出具的任何一份文件，提出的任何一个意见，对客户来说都至关重要，一个小小的失误都可能导致客户承担巨大的商业和合规风险。

客户的商业诉求可能天花乱坠，但是法律法规的条条框框让你不能越雷池半步。在复杂的法律体系下帮助客户最大限度地实现其商业

---

① 996 工作制是指早上 9 点上班、晚上 9 点下班、一周工作 6 天的工作制度，这一制度反映了互联网企业盛行的加班文化。007 工作制指一周 7 天、每天 24 小时待命的工作状态。现行《中华人民共和国劳动法》明确规定，劳动者每日的工作时间不能超过 8 小时，平均每周的工作时间不超过 44 小时。不管 996，还是 007，都是违法行为。——编者注

目的，这仿佛是在刀尖上跳舞。

日新月异的商业社会，商法领域法律法规的更新速度有时可以用"目不暇接"来形容。我们在加班之余必须强迫自己不断地学习新知识，这不仅关乎自身专业素质，而且一旦专业知识落后，我们给客户提供的法律意见就可能"失之毫厘，谬以千里"，给客户造成巨大的商业损失，这将是交易律师个人职业履历上巨大的污点。

在微观层面，交易律师也采取年级制度。每年的考评，对于每个正处在上升期的律师来说都是一次大考。我们要考核一年的计费时间（billable hours）总长、合伙人打分、客户打分。一封邮件措辞不当，甚至抄送栏多抄送了一个人，都可能导致客户给你打低分。因此，交易律师不仅要处理大问题，还要注意小细节。每个交易律师都是强迫症加完美主义者。每一份文件的格式、标点，甚至字号、字体都有讲究，每一封邮件发出前我们至少要检查两次，避免因任何小错误而让对方质疑我们的专业素养。

在超长的工作时间里，我们每分钟都绷得紧紧的。

95%的枯燥乏味，5%的高光时刻

电视剧里常用很大的篇幅来讲那5%的高光时刻，仿佛再难解决的问题，只要一段激情澎湃的背景音乐，大律师就能灵光乍现，想到一条四两拨千斤的妙计。

可实际情况是，我们工作的前几年要处理大量枯燥的文书工作。比如英文好的低年级律师，可能在工作的前一两年都在做英文文件的翻译工作。一个动辄百亿元的项目，工作团队成员中也有小律师，但他的工作可能是花几个月摘录目标公司的知识产权清单。

每一个复杂交易里的问题，绝无可能靠某个大律师灵光乍现用一条妙计解决，也绝对不会像电视剧里的惯常桥段那样，一个实习生，一夜研究，第二天干净漂亮地把解决方案放在合伙人的桌子上。实际情况是，碰到一个难题，整个团队要熬很多夜做法律研究，咨询各监管机构和其他有相关经验的专家。好不容易研究出一个解决方案，出炉后，还要多方博弈、修改、谈判、妥协，或许才能最终确定。

正所谓"人生不如意事十之八九"，我们都还在努力坚持，只因那一二分的幸福和快乐。

这份职业于我也是如此。大多数时间辛苦乏味，但一点高光时刻总可以让人忘掉之前的艰辛和苦闷。

从百亿元的项目签约交割到一个棘手问题的解决，在这条并不好走的职业道路上，那些高光时刻将整条道路照亮。

对我来说，高光时刻不是那些大项目签约交割，而是我切切实实地为客户解决了一些问题，识别了一些风险。

有一个项目，算是当时一个非常热门的标的，很多投资人都在看份额，但这个项目确实有一个潜在的法律风险，可能影响整个业务的运营。当时一家类似的公司在美国上市时，另外一家律所给出了比较正面和大胆的法律意见。我们的客户希望我们对这个热门标的进行尽调，并对这个法律问题做出分析和判断。

当时我查阅了大量的法律法规和案例，又走访了当地工商系统的工作人员，得出的法律分析结论与前面所说的另外一家律所出具的法律意见有很大的不同。其实，对于律师来说，提出与其他既有意见不同的观点是有一定风险的，但是由于我做了大量的法律研究和访谈工作，我对自己最终给出的意见很有信心。后来，在向客户团队汇报并多轮分析后，客户不仅接受了我们的意见，而且对我们鞭辟入里的分析和风险提示非常感谢，并根据我们的意见对该项目的估值模型进行了调整。后来标的公司也根据这份法律意见调整了业务模式，避免了更大的风险。

车速很快，一不留神就会被甩下去

坐上交易律师这辆车就意味着个人职业发展进入高速飞奔状态，

脑子时刻高速运转，手脚要高速干活。无论思路、技术、沟通能力慢了下来，还是出活速度慢了下来，小律师们都可能被甩下车。咬牙跟住，意味着获得高速成长。

从法学院毕业、踏进律所的那天起，我就在全力调动自己全身的马达，好跟上这辆快车，幸好咬牙坚持住了，在律所的那几年我也得到了非同寻常的成长。

在专业技术层面，一年做几十个项目，几年下来积累了百余个项目的实践经验，从跨境融资、海外上市到国有资产转让、合资公司设立等领域皆有深度参与。

在个人软实力方面，首先是抗压能力提升，其次是项目的统筹管理能力以及与形形色色机构、个人打交道时的能力得到飞快提升。

在眼界和认知方面，通过一个个项目，我不仅接触了各种客户（如世界五百强企业、各大投资机构和独角兽创业公司），还结识了很多不同领域的专业人士（如投资银行家、会计师、税务师等）。通过不同的项目，我了解了不同行业、不同公司的文化，获得了看待世界的不同角度和新的思维方式。

在律所做交易律师的那几年，我可以说是"痛并成长着"。

离开红圈所，到一线互联网公司

就像小孩成长，对世界有了更成熟和现实的认识后，他会开始审视自己，考虑接下来往哪里走。在律所的第 7 年，交割第 129 个项目时，我已经知道了这份工作再做 5 年、10 年或 20 年，自己会在哪里，会是什么状态。于是，我开始想，我是否要这样平铺直叙地走下去，往后的 10 年或 20 年，我是会每一天都成长一些，还是会停在原地。这时候，我知道自己该跳出来看看了。

或许，真的就是那句话："世界很大，我想去看看。"

于是我选择到新的领域以另一种方式从事交易律师这一职业。

2019 年，我跳槽到某一线互联网公司，开始了集团内部投资并购项目法律顾问的新职业道路，负责集团对外投资并购项目的法务工作。

不再作为乙方服务客户，而是作为甲方内部法律顾问，我的新工作少了很多执行层面的内容，多了许多需要拍板做决定的主观能动性更强的内容。除了法律事项的把控，我有机会更深入地了解法律之外其他影响交易成败的关键因素，包括商业实质、税务合规性、财务因素，甚至还有国际关系和社会舆论影响等。如果说以前在律所做交易律师追求专而精，那么现在作为投资人的内部法律顾问，则需要包容和融合，要从多个角度看问题。

因为角色和角度的转换，我又开辟了新的专业领域。因为我所在的公司是一家真正实现全球化的公司，所以我们的投资并购项目在全球多个法域进行。我系统研究总结了各国的外商投资法，这是在律所工作时作为中国律师鲜有的学习机会。更难能可贵的是，作为希望在高科技等领域多开展业务的互联网公司，我司在前沿科技领域的投资活动比较频繁，这让我有机会深度参与这些领域的多个项目，接触和学习了很多新的知识。有一次，关于一个抗癌基因生物药的项目，同事花一个半小时给我讲了这个生物药的原理，这绝对是做内部顾问的"专属福利"。

小小地好为人师一下

如果正在读这篇文章的你，也有志成为一名交易律师，在你下定决心并开始行动前，我有以下几点不成熟的小建议供你参考。

（1）问问自己是否做好了吃苦耐劳的准备。

诚如上文所说，交易律师绝不是一份一劳永逸的轻松职业，从翻译英文文件开始的第一个工作年头，到你退休这近 40 年间，你的手机要时刻保持畅通，你可能驻扎在项目现场几个月不能回家，你可能在进产房前还在和客户开电话会议讨论交易结构，你可能没有一个假期出游敢不随身带着电脑，你也可能一边在急诊室里输液一边修改尽调报告。

以上绝不是杜撰，而是实实在在发生过很多次的真事。如果你只是被电视剧里交易律师那光鲜亮丽的一面吸引了，我建议你三思而行。

（2）你需要一副好身板。

全年无休，7天24小时在岗。做交易律师，你必须有一副好身板。

至上，你要爬得上项目公司风电站的大山头；至下，你要熬得了大夜，能连夜改交易文件。

项目绝不会因为你的身体扛不住而暂缓，老板和客户也不会因为你的特殊状况而对项目喊停。我曾一边高烧呕吐一边谈判，其间跑了五六次卫生间，对方律师都心疼了。

（3）做交易律师，你必须能粗能细。

遇到"奇葩"的客户发飙，奇怪的对家出言不逊，这时候你必须"粗"，得心大，能一笑了之，不往心里去。

但出具每一份文件，写就每一封电子邮件甚至编写每一条微信消息，你必须"细"，从标点符号、格式到语法，都不能出错。错虽小，但会显得很不专业。

（4）做交易律师，你必须能屈能伸。

作为乙方律师，必须能"屈"。客户提出需求时，不管在周六早上8点半，还是你在休年假的沙滩边，需要满足的，你分分钟得掏出电脑处理。

作为甲方顾问，必须能"伸"。谈判桌上，不管对家多么难应付，你都要为客户利益据理力争，寸步不让。

（5）做交易律师，你必须永不停止地学习新知识。

瞬息万变的商业社会、不断更新的法律法规、变幻莫测的国际政治经济局势等，这些都与交易律师的工作内容息息相关。别以为从法学院毕业就万事大吉了，其实直到退休的那一天，交易律师每天都要不断地学习新知识，只有这样才能为客户提供合理合法合情的法律建议。

开始在小红书做分享后，我经常收到粉丝私信，询问是否应该选择做律师等类似的职业选择问题。书就此文，其实我想和大家分享的一点感悟是，对每一个人来说，职业选择都是一个重大的人生决定，其重要程度不亚于选择婚姻伴侣。如何找到适合自己的职业呢？我认为你首先要了解自己，知道自己的长处和短处，知道自己内心真正喜爱什么；其次要不加滤镜地了解自己想选择的职业，不能单凭一部电视剧、一个综艺节目就热血沸腾；最后要分析自己本身的条件与这份职业的匹配度。这样，你才有可能选到一份适合自己的好职业。

当年我选择这份职业也是知道自己是个喜欢挑战又很理性、逻辑分析能力比较强的人，而我的母亲也是一位律师（诉讼律师），所以我比较清楚这份工作的真实状态。因此，我做这份工作时，没有滤镜去除后的失望和挫败，在每一个困难面前，我都做好了十足的心理准备，而在了解自己未来的职业发展道路后，又可以及时转换平台，迎来更大的空间，更多的可能性。

最后，希望每一位读者都能找到自己一生所爱之业，在自己的职业道路上披荆斩棘，发光发热！

★二喵 Mew

波士顿大学金融与银行法法学硕士，先后就职于某外资律师事务所和某红圈所。2019 年进入互联网公司，负责集团对外投资并购项目的法务工作。

第❹部分
左手事业，右手人生

坚持做一件正确的事情，你一定会有收获，如果你还没看到收获，一定是坚持得不够久。坚持是普通人最容易做到的一件事。

19

● 摄影培训讲师蔡汶川

捕捉整个世界

"什么拯救过你，就拿什么拯救这个世界。"

我是蔡汶川，1992年出生，现居广州，佳能及华为产品官方讲师，是一名所谓的"年入百万的摄影讲师"。从2016年裸辞到现在，月薪翻了100倍，全网粉丝超400万，付费学员超20万，出版了3本摄影图书。

许多人问过我，为什么会成为一名摄影讲师？

答案是，摄影给我带来了看待世界的全新视觉维度，拯救了我这个患病十几年的抑郁症患者，让我从无比低落的人生低谷，通过镜头感受到这个世界的美好，从而燃起了对生活的热爱，所以我也想把这份"能感知生活的摄影能力"传授给更多人，让更多人拥有"看待世界的第三只眼"。

摄影，从入门到"放弃"

其实，我一开始只是一个连单反相机都买不起的穷小子。

也许是家庭潜移默化的影响，冥冥中注定我这辈子肯定会喜欢上摄影。

我爸喜欢拍照，我出生时，我们家就有了胶片机，这台相机伴随我们家走过20多年。从小到大，每当我和家人出去游玩，或是遇到重大节日，我们都要用它记下那一刻。"咔嚓"一下，那一刻的我们与斑斓的光，便被锁在了相机里，镌刻在胶卷中。等到照片冲洗出来之后，每张照片的右下角，还会有醒目的黄色时间戳。这么多年来，我每次翻阅照片，它们都在提醒我是怎么一步步成为现在的我的。

2011年，我上大学时，我爸买了一台卡片机送我。那一年，我拍了10000张照片。当时没有人指导，我也不懂摄影，拍出来的照片都比较粗糙，完全不能被称作摄影作品。

2012年，我觉得手中的卡片机无法满足我学习更深知识的需求，

可自己又没钱买单反相机，也不想找家人要钱，于是去应聘摄影助理，在一家摄影公司做了半年学徒，懂得了基本的布光和后期修图技巧。那个时候，如果师父能让我掌机（佳能 5D2）拍摄，我能高兴半天。要知道，佳能 5D2 是那时每个玩摄影的学生都想拥有的一台相机。

2013 年，我大三，想提高摄影技术，想存钱买台好一点的单反相机。于是我开始兼职做商业活动主持人，几乎什么活动我都接，婚礼、楼盘开盘、啤酒促销路演、新闻发布会、车展等。赚够了买相机的钱，我就和小伙伴一起去买了人生中第一台单反相机——佳能 7D。

有了相机后，我咬咬牙，掏出两个月的生活费，交了几千元，跟着广州的一位摄影老师上了 5 节课。这时，我才算是真正意义上实现了"摄影入门"。从那之后，我开始狂热地约模特拍照，同时也开始接摄影订单，比如给别人拍写真、给商家拍产品图、拍静物等。

摄影虽然是一门艺术，但也是一个体力活，并不像外界所说的那样，"按按快门就能赚钱"。比如在给客人拍写真的时候，为了省下场地费，我每天得背着塞满器材的沉重背包，坐 1 小时的公交或地铁，到公园、草地、树林等地方给客人拍摄。

户外写真讲究光线，广州的夏天，光线最好，但也超级热，而我在小树林里一拍就是两三小时，举着几斤重的单反相机上蹿下跳、变换各种机位，期间还要不断引导客人，照顾客人的情绪。拍完一场，我又热又累，全身几乎虚脱，但回到宿舍还要修图 3 ~ 5 小时，就是为了尽快给客人提交成片。这样一天折腾下来，我能赚两三百元。最夸张的一次，拍摄时我被小树林里的蚊子咬了几十个肿包，模特甚至被咬到当晚进了医院输液。

而帮商家拍摄产品图也不像大家想象中那样，可以发挥自己的"摄影才干"。

像我帮商家拍淘宝衣服，要求是一套衣服出图 6 ~ 8 张，我一般会在室内布置好灯光，聘请专业的淘宝模特——她会在一分钟内自动切换几十个动作，我唯一要做的就是按快门。

那个时候，我觉得自己并不是摄影师，只是一个"快门民工"，完全谈不上有什么技术，更谈不上艺术。

那段时间，我最常过的生活就是白天上课，晚上帮别人拍淘宝静物，拍红酒、雪茄、衣服等，半夜回来修图。

就这样，我不断地拍，不断地在朋友圈、微博等社交媒体发布自己的作品，朋友和同学知道我可以提供摄影服务后，纷纷找我拍照或给我介绍摄影的订单。

在那一年里，我凭借"摄影师"的身份赚到了小几万元，升级了器材，但我一点都不开心。我始终觉得，这一阶段的"低价摄影"，其实是没有市场竞争力的，我的技术并不算拔尖，也没有多少名气，可替代性太强。

到了 2015 年，理想向左，现实向右。

我大四了，像大多数迷茫的应届毕业生一样，不知道未来的路在何方，也不知道自己真正喜欢的、想要从事的是什么工作。我没有想好要不要做一名摄影师，就跟着同学们稀里糊涂地参加了校招，结果收到一家广告公司的录用通知。我签下了三方协议，开始在那家公司实习、入职。

毕业旅行时，我和女友在海边玩，我给她拍了一组照片。当时，离太阳落山只剩下半小时，在夕阳的余晖中，女友穿着大白长裙，海风拂过，光斑摇曳，显得特别美。

在这样的场景下，不必刻意摆拍，是自然流露的爱意，在光的衬托下，镜头后的我心底涌入了许多感动。旅行回来后，我发布照片，结果被登在了摄影网站的首页，收到了一些好评。那时候我想，这也许是我给摄影这份热爱的一个交代吧。

自此之后，我就要放下相机去工作了。

裸辞后重拾热爱，从"赌一把"到"第一桶金"

在广告公司待了一年半后，我对"工作"这件事有了新的思考。

起初决定进入广告圈，是因为觉得广告人很"性感"。我所认为的"性感"，是用创意撬动商业世界，用实力让情怀落地。但是很快我就失望了。当时我们服务的客户是大型企业，每年的投放预算是亿元级的，然而我在那一年半的时间里，作为一颗小小的螺丝钉，完全没有用武之地，更别说做出有生命力的宣传品了，那些刷屏的广告都是其他公司做的。

我很清楚，自己再待下去，无非就是两三年升经理，五年升总监，十年后运气好的话当个 CEO 或者自己开家广告公司。

多么无趣，我想赌一把。

虽然后来我发现，**年轻人要想在大城市里有趣地活着，本就不是件容易的事情，但那时的我只想工作，不想上班。我开始思考："工作对我们来说是什么？"**

我们去工作，是为了用时间和技能换取生存资本，是为了给家人创造更好的物质基础，还是为了拥有更多财富、让自己有更多的选择权？

在我看来，都不是。

工作是个仪式，用来佐证我们的人生价值。 为身份和意义而焦虑的现代人，无时无刻不在寻求他人、社会甚至世界的认可，而工作所换取的金钱回报、社会地位回报，不过是这些"认可"的同义词。因此，不是工作需要我们去做，而是我们需要通过工作实现自我。

我是个一刻也不能停止工作的人，但绝不能如此盲目地工作。所以，虽然还没想好接下来要做什么，但我想赌一把。

我裸辞了。我觉得自己还是想拍照，还是想做点有意思的事情。一颗忙碌的"螺丝钉"突然停下来思考人生，果不其然，他迎来了人生中最焦虑的时刻。

思来想去，我想起当年学摄影的时候，把图书馆里上百本与摄影、后期有关的书和杂志几乎翻遍了，还在网上海量的免费资源里苦苦搜寻，再到做摄影助理、报摄影私教班，几乎把线上线下的图文教程、语音教程及视频录播、视频直播、现场外拍、棚拍等教学班都上了一遍，所以我在考虑能不能做一名摄影讲师，或者做个线上的摄影普及教育品牌，让摄影爱好者在我这里能够以免费或相对低廉的价格，学到真正有用的、经过筛选的知识。

有了想法就要立刻执行，我决定做摄影＋新媒体，于是创立了公众号"摄影私塾"（"摄影猫不斩"的前身）。

就这样起步做项目，我在学校里招募了3个师妹当实习生，在广州的众创空间租了3个年费365元的流动办公位，就开干了。那时候，我没有想清楚商业模式，也不懂得以终为始、最简化可实行产品，只想着走一步是一步，单纯觉得这件事情好像有意思。

那时的我还不太懂写内容，只明白要吸引关注就得提供价值，但是我作为一个没有资源的普通摄影爱好者，似乎没有什么价值可以提供。

小船出海，要先找方向，锚定前行的路线。

我花了点时间去找路，找到行业里前十名的样本，确定他们的现在是不是自己未来想要达成的目标。

比如我想做公众号，我就找了当时能联系到的在做公众号并且做得不错的人去取经，找了一圈，见了一轮之后，我发现做线上分享会是条不错的路。简单来说，就是在线上举办讲座，感兴趣的人来报名，会顺带关注我们的公众号。

《人生算法》一书将认知飞轮总结为16个字，即"好奇感知，灰度认知，黑白决策，疯子行动"。

我"好奇感知"到公众号可以做，"灰度认知"到线上分享会可能行，接下来就要"黑白决策"——决定要不要做，并采取"疯子行动"。

就这样，我们开始定框架和选题，去微博上邀请我们喜欢的摄影师来做分享。当时做摄影公众号的，大多是分享美图或摄影教程，只有少量几个号在做分享会，频率是一周一次。

我觉得"与其更好，不如不同"。

作为一个小到不能再小的团队，业务必须聚焦。于是，我选择只做一件事：别人都生产内容，我不生产，我只做分享会；别人一周做 1 场，我一周做 5 场。为了落实一周 5 场不同的分享会，小伙伴们每天在微博上疯狂联系摄影师。就这样，简单的事情重复做。

每周 5 场分享会持续了大半年后，我们的公众号已经成为千聊摄影类目排行榜中的第三名，前面两个是蜂鸟网和摄影之友；公众号拥有了 4 万粉丝，开课 130 多场，每场收听量为 1000 ~ 3000 人次，总收听人次超过 10 万。我们并不想接广告（其实也接不了什么广告），为了变现，我们推出了包月会员业务（付费可享受每月 20 多场优质分享会畅听服务）。招募了几期会员后，收入刚好够付团队成员的薪资。

无法商业化，这个项目就不可持续，于是我开始推出自己的课程，针对零基础的学员推出了《摄影入门破冰班》，8 节课学费 199 元，第一期只招了 20 个学员，但我们咬咬牙还是决定做下去。

孔子说过："近者悦，远者来。"我很用心地去交付，将自己所学全都教给学员，而学员感受到了我的诚意，也掌握了摄影快速入门的诀窍，纷纷转介绍身边的朋友来听，我的课获得了不错的口碑。就这样，我们保持一个月开一期课的频率，到了第九期、第十期的时候，每期都能招约 500 名学员，一个微信群都放不下。一期课程能有 10 万元的营收，我们的团队终于活下来了，我感知到这项业务的商业小闭环终于成型。

于是在 2018 年 1 月 1 日，我正式开始创业，招募了 4 个全职小伙伴，当年推出了新课《60 节系统摄影课》，售价 99 元，卖了 10000 份，这100 万元成了我人生中的第一桶金。但做讲师并不是一件容易的事情，能拍好照、讲好课只是基础技能，还要不断地输出内容吸引受众。我每天变着花样输出摄影类的原创文章，压力大到每天在办公桌前抓狂，头发簌簌地往下掉。

自媒体时代，从业者要做的其实就是在不同平台用精准的内容收获目标用户。为了让更多年轻的摄影爱好者了解独立摄影师这个群体，我们还做了一个采访片《二十而摄，三十而立》，推文名字是"那些二十多岁玩摄影的人，都混成什么样了"，采用视频、海报与文稿相结合的方式，记录了 9 位独立摄影师对摄影理想与现实之间的矛盾看法。这篇推文获得数十个公众号、微博账号、平台渠道转载，全网浏览量破 100 万。

从 0 到 1，从个人到公司化运作

2018 年，知识付费行业迎来了爆发性成长，现代人自我提升的需求越来越大，大家纷纷在线上购买课程提升自己，而摄影也是大家喜欢提升的一项技能。

有了前面卖 10000 份课程的经验后，我们将这个方法论复制到其他讲师身上，推出了《儿童拍摄课》《静物美食拍摄课》等课程，也招收了不少学员，为合作讲师带来了相应的报酬。

我们充当了"中间商"，不断输出原创的摄影教程，吸引摄影爱好者关注，同时招募合作讲师，制作了精良的系列课程，将其销售给摄影爱好者，而我们再与讲师分成。在这种情况下，我既可以作为讲师去讲课获得课酬，又可以作为平台帮其他讲师做课收取分成，至此，我们建立了一个稍微能对抗风险的收入体系。

这几年，我至少亲自沟通了上万名摄影爱好者与摄影师，我察觉到一个巨大的需求：摄影师懂得技术，但不懂得经营自己。不懂得经营自己的摄影师，将面临淘汰。而经营自己，首先要确定自己的稀缺性。

在相机还未普及的 20 世纪 90 年代，有钱买相机的人很少，一般只有专业摄影师才用得起相机。**器材准入门槛高，此时拥有稀缺器材**

的摄影师就能赚钱。

到了 2008 年，佳能 5D2 作为一个划时代的产品进入民用市场，普通人慢慢玩得起相机了，器材也从半画幅过渡到更高画质、更专业的全画幅了。

我是从 2011 年开始接触摄影的，**那时"会拍"不稀缺，"拍得好"才稀缺。**

那个时候，技术的准入门槛还是有的，毕竟要学习 Photoshop、Lightroom（需要有电脑，也需要动脑子），但摄影师只要懂技术，拍得有风格、有特点、符合市场需求，就能赚钱。

后来，微博等社交媒体兴起，"会拍"不稀缺，"拍得好"也不稀缺，能依靠摄影获益的主要有两种人。

第一，拥有社交媒体影响力的人。这些人拥有更高的溢价，比如两个摄影师都拍得差不多，一个有 100 个粉丝，一个有 100 万个粉丝，那么后者拥有稀缺的影响力，其收益可能是前者的 10 倍以上。

第二，从个人竞争走向组织竞争的人。比如两个摄影师都拍得差不多，一个继续自己拍，一个开始招募团队，后者在慢慢成长中拥有了成本管控、供应链管理、组织协调等稀缺技能，前者只会按快门，所以后者的收益也可能是前者的 10 倍以上。

从器材稀缺到器材不稀缺、技术稀缺，再到技术不稀缺、综合能力稀缺，我们应该明白，技术一定是准入门槛，而好的产品一定自带"营销属性"。

在这个全民摄影时代，在这个手机修图软件花 5 秒相当于过去电脑修图 1 小时的时代，在这个手机摄影技术越来越发达、手机 App 修图越来越智能、普通人自己就能把自己拍美的时代，**摄影师还怎么靠手上的相机混口饭吃？**

如果还只是个"会按快门的人"，技术上没有任何创新，综合素质上也没有任何提高，当地有 100 个和你毫无区别的摄影师，那么你根本无法脱颖而出。

我特别喜欢那句话：**"不是最强壮的，也不是最聪明的，而是最适合的，才能够生存。"**

刘润在一次演讲中提到一个例子[1]：一位博物学家在一个岛上收集了几十只雀的标本，这些雀体型平平无奇，看上去也没什么神奇的能力，但就是活了下来，这些雀的喙部（也就是嘴），形状差别很大。

比如，有的雀，喙部又厚又硬，这是因为，它要在地上捡食坚果。

比如，有的雀，喙部又尖又细，这是因为，它要啄食树木里的虫子。

比如，有的雀，喙部不紧密切合，还微微向内弯，这是因为，这更方便吃花蜜和昆虫。

这些雀，不一定是身体最强壮的，不一定是飞得最快的，也不一定是最聪明的，但正是因为它们**"根据生态环境的变化而改变喙的形态"**，从而成为"最适合的"，得以生存。

反观我们，能不能也"根据生态环境的变化而改变喙的形态"，在其他人也拥有器材与技术的时候，做些不一样的？

比如，摄影技术 + **组织能力** = 摄影公司老板；

比如，摄影技术 + **公域流量经营能力** = 摄影大 IP；

比如，摄影技术 + **将复杂技术梳理简单的逻辑能力** + **授课能力** = 摄影讲师；

比如，摄影技术 + **私域流量经营能力** = 在小城市也能活得不错的摄影师；

······

简而言之，就是"人无我有，人有我优"。

这是一个生产力不断进步的年代，没有人能靠着 20 岁前学会的知

---

① 引自《刘润年度演讲 2021：进化的力量》，有删改。——编者注

识，安安稳稳、顺顺利利地赚钱赚到 60 岁。

前些时候，我在办公室找到一个"万能充"，当时号称什么都能充的万能充，如今似乎啥也充不了。

不进步，不学习，时代就会淘汰你，并且毫不留情。

漫画家斯科特·亚当斯讲过一个观点，要想有超越常人的成就，我们有两种选择：一是把一个技能练到全世界最好；二是把两个技能练到前 25% 的水平，然后把它们结合起来去做一件事。

我是这个时代的产物，掌握了摄影 + 授课的技能，未来的摄影师一定会越来越多元化，而且一定会出现各种小众风格、小众品类的摄影师。

★**蔡汶川**

"摄影猫不斩"创始人，公众号"AIRPHOTO"主理人，公众号"蔡问川"创始人。

小红书头部数码博主，2021 年年度知识创作者，S 级 MCN 品类合伙人。

佳能及华为官方讲师，曾出版三本摄影书。

全网粉丝累计 400 万，付费学员累计 20 万。

20

● 数字艺术家胡帅

让你看到未来的无限可能

用数字技术当自己的画笔，跟随自己的兴趣自由表达艺术。

你好，我是数字艺术家胡帅。

如果你不太关注艺术，也许对数字艺术这个行业比较陌生，但这两年你一定经常听到这个词。数字艺术家似乎是一个新职业，而数字艺术并不是一个新行业，它有着许多不同的名字，比如新媒体艺术、数字媒体艺术等，它们都是用数字技术进行艺术创作。在很长一段时间内，数字艺术鲜为人知，直到 2021 年年初，艺术家迈克·温科尔曼（Mike Winkelmann，即 Beeple）的数字艺术作品《每一天：前 5000 天》卖出了约 4.5 亿元的天价，让他直接成为在世艺术家作品拍卖第三高价纪录的拥有者，数字艺术也渐渐进入大众视野。

我是如何走进数字艺术行业的

说起数字艺术，我并没有主动选择成为一名数字艺术家，而是我的兴趣将我吸引到数字艺术行业。我很小就开始画画，也对音乐感兴趣，中学时开始尝试用电脑做一些编曲，以至于曾经想报考音乐学院，但毕竟音乐只是我的兴趣，而且我没有精通的乐器，最后还是去了中央美术学院。在选择专业时，仅仅是因为我觉得数字媒体艺术是唯一与自己感兴趣的数字内容制作相关的专业，所以我选择了它。不得不说，我很庆幸当时这个随意的决定，数字艺术的确让我有比在音乐领域更大的发挥空间。在我后来的艺术创作中，我没有给自己设限，广泛尝试了三维艺术、交互装置艺术、声音艺术等不同数字媒介。数字艺术的魅力之一就在于它媒介的多样性。创作的过程更像在玩，当自己把灵感转变成一件作品后，那种满足感和成就感会驱使我马上创作下一件作品。

与时尚潮流的合作

疫情的出现让各个行业都受到了影响，许多线下活动延期或转为线上。这催生了许多数字艺术需求和行业跨界的新鲜玩法。例如，许多服装品牌开始寻求与数字艺术的结合，"虚拟时尚"成为一个潮流的新鲜词语。而数字艺术的确与时尚有很大的合作空间，它们都具有"潮流""个性"等特点。结合数字艺术的三维表现，时装也能有更具吸引力的视觉呈现。在与设计师品牌 ANNAKIKI 的合作中，我为 ANNAKIKI 2022 情人节 3D 金属玫瑰限定系列创作了一套视觉大片。本系列服装的设定是表现在元宇宙世界里虚拟人之间的意识爱恋。整体视觉风格为亮调的黑白，没有添加任何色彩，展现了一种冷静的未来科技感。

这是我与服装品牌的一次合作，而数字时尚还有许多玩法，如虚拟秀场、元宇宙走秀等。几座大城市的线下服装周难以举办，因此，许多品牌选择与数字艺术家合作，呈现数字化的服装走秀，或者在线上虚拟平台邀请观众实时观看。数字服饰、饰品的发售也是未来的一个方向。

与时尚杂志的合作

除了时装，近年来时尚杂志也开始广泛寻求与数字艺术的合作。在 *SENSE* 杂志 2022 年 4 月刊中，我受邀创作当月刊的封面及一组数字艺术大片，我为吴莫愁创作了一组火星赛博风格的时尚大片。在拿到拍摄的原片后，我发现照片有不少是以红色为背景的，这让我有了"创造一组火星氛围感大片"的想法。我没有选择常见的火星地表作为背景，而是将场景设定在火星的半空中，结合托举着吴莫愁的浮台和悬空的连接着电线的树来营造整体的未来感氛围，以一个橙黄的渐变色调完成了这组创作。与传统的时尚大片相比，数字艺术的参与让照片内容没有限制，不仅节省了布景的成本，而且让场景的选择不受限制。同时，数字艺术创作可以做出许多实景拍摄无法完成的场景和效果，让杂志的整体呈现更现代和时尚。

在我自己的数字艺术创作中，"未来"一直是我感兴趣的一个话题。

例如，在 *Islands*（《群岛》）里，我设想了一个由赛博格①、植物与人连接起来的"群岛"。它们相互连接，处于一个生态的共生关系中。在这件作品中，我以自己为原型设计了一个赛博格的形象，它一半为肉体，一半为机械，全身连接着传输数据的电缆。整体视频以缓慢的相机运动配合极简的音乐，呈现一种空灵而安静的异世界感官。

户外大屏

数字艺术的另一个展示场域是公共空间内的 LED 大屏。2021 年年底，我为在成都春熙路步行街举办的沸铜跨年数字艺术展创作了作品 *META ISLANDS*（《元宇宙群岛》）。这是一件户外大屏裸眼 3D 数字艺术作品。当你往商场方向走去时，抬头看这件作品的角度将呈现裸眼 3D 的效果。因为播出时间是晚上，并且我也希望作品能和现场空间、路过的顾客发生一些关系，所以我将作品背景设定为夜间，并结合音乐让画面中的眼镜闪烁发光，并最终充满屏幕，照亮商场前坪的地面。

---

① Cyborg，又称电子人、机械化人、改造人、生化人，即机械化有机体，是以无机物构成的机器，作为有机体（包括人与其他动物在内）身体的一部分，但思考动作均由有机体控制。

数字艺术在公共空间的展示无疑可以给商场带来更多的流量和曝光，而与艺术的结合也可以将商业空间的形象塑造得更加高端，成为商场品牌形象和流量的双重推手。

数字装置艺术

在三维 CG 数字艺术之外，数字艺术的另一块创作领域是数字装置艺术，它结合数字技术，以艺术装置的形式呈现。我觉得，在数字艺术创作中，技术是很重要的，一方面，它给创作带来了强大的表现力；另一方面，技术发展也会给艺术创作带来许多新的可能性。《万物互联：所有连接》是我对物联网技术未来可能性的思考，这是一件将人、动物、植物、细菌、环境与设备由网络连接起来构成的作品，每一个部分的变化都会影响下一个部分，各部分形成一套闭环连锁反应。这个连接没有起点与终点，因为它们是一个环环相扣的循环结构。作品以环形结构的连锁反应模拟了一个未来万物都被网络连接的景象，提出了一种网络连接下生物、机器与自然之间关系的可能性。2019 年，这件作品受邀参加了现代汽车与奥地利林茨电子艺术节的展览"有限人类"，并在北京现代汽车文化中心展出。

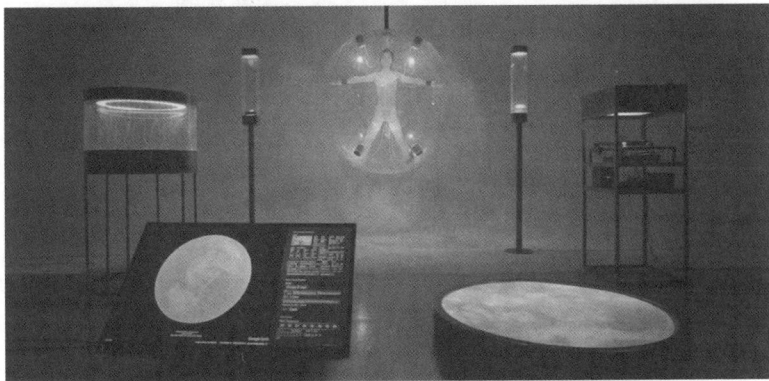

除了作为纯艺术的表达，数字装置艺术在与商业品牌的合作上也有许多可能性。2018年夏，我为轩尼诗与天猫超级品牌日的展览"酒神精神的复兴"创作了数字艺术装置作品《将进酒》。这是一套由互联网数据控制着的数字艺术装置，整套装置由连接到干邑地区的天气环境状况的程序控制，使用实时数据分别影响装置左右两侧蒸馏箱的温度及酒的滴落，最终滴入轩尼诗的酒瓶中。在这件作品中，我通过互联网采集法国干邑地区的数据，将酿造葡萄酒的关键因素——气候接入作品中，在结合整体装置进行美学表达的同时，也兼顾了品牌和商品的露出。

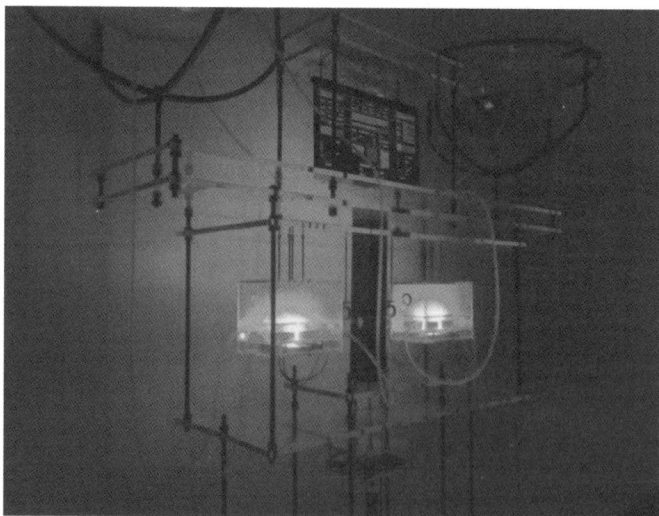

在数字艺术的职业发展中，掌握数字技术的重要性

关于数字艺术的创作，我经常听到关于技术的争论。有的人认为技术可以帮助艺术家更好地表达艺术，有的人却认为艺术的核心就是艺术，不应该被技术掩盖。我个人很支持技术在数字艺术中的应用，

并且我觉得数字艺术这个行业的发展本来就与技术息息相关。在数字艺术入行学习的过程中，技术的学习一定占据很大的一部分，这就像画家的画笔，你也许很有想法，但如果你手里没有这支数字技术画笔，就很难自如地从事数字艺术创作。"画笔"只是一个比喻，而数字技术有许多种类，这为数字艺术的创作带来了无限可能。

20 世纪的艺术家很难想象，但在今天，一个人工智能程序可以经过大量的机器学习后，自动、不重复地生成大量数字艺术作品。且不说这些数字艺术作品的艺术含量和美学价值有多高，这件事情本身就是对艺术创作的一次冲击。而对抗神经网络（GAN）的应用不仅仅在生成画作上，还可以帮助设计师生成工业设计作品、建筑设计作品，甚至在音乐领域，人工智能照样可以在大量学习音乐家的作品后，生成人耳无法分辨究竟是人类音乐家弹奏的还是程序生成的音乐作品。

另外，在数字艺术创作中，应用技术的熟练程度在一定程度上也可以说是数字艺术家的创作能力。例如，一位画家想使用电脑进行艺术创作，但他对三维软件的使用、渲染等一知半解，那么他做出来的数字艺术作品就很难达到基本的行业标准。因此，如果你希望在数字艺术领域进行创作，那么一个必备条件就是能够熟练地运用数字技术。但是，在数字艺术创作中，技术也不是唯一的要素，它更像进入这个行业的一个基础。如果你希望在这个行业中和其他艺术家产生差异性，除非你的技术能力真的能超过大多数艺术家一大截，否则想从众多数字艺术家中脱颖而出，你需要回到艺术创作本身，要么你的审美趣味很特别，能从视觉上展现自己独特的风格；要么你的思维方式很新颖，标新立异，让观众在看你的数字艺术作品时还能产生思考。

声音艺术也是一个我很感兴趣的领域。数字艺术对媒介的包容性让不同媒介间的转换产生了价值。在《万能乐音转换器》中，我尝试在环境的噪声与音乐之间搭起桥梁，让原本无意义的环境噪声通过转化，生成独特的音乐。《万能乐音转换器》是一套实时音乐转换设备，通过采集周围的环境声音，将不同频率的声音实时转换成不同音高并输入各种音色进行演奏。2017年4月至7月，我带着它去了台北、上海、北京、纽约四个城市，结合不同音色生成了各个城市专属的音乐，并刻录成一张专辑。

数字交互装置艺术

在数字装置艺术中，交互艺术也是一个很重要的领域。交互艺术让观众不再仅仅是"观看者"的角色，而是可以参与到作品中来，成为作品的一部分。技术的介入让互动成为可能，甚至可以让观众来"控制"作品。在作品 *Spotlight*（《聚光灯》）中，我将数个手电筒悬挂在展厅，创作了一件数字交互灯光装置艺术。这些手电筒能在黑暗中识别人体并随之将观者照亮，观者成了被照亮的主角，也是这个作品的主角。数字技术的介入让数字艺术有了无穷的玩法，而交互性是让数字艺术作品产生活力的一个关键。传统的数字艺术作品更像数字版本的绘画，只是承载画面的画布变成了显示屏。结合交互技术，观众可以参与到数字艺术作品中来，而新的技术也能为交互数字艺术带来新的体验。近年来，人工智能技术在各个行业都很火热，而它在数字艺术里的应用也将非常有趣。在《联觉器》中，我使用人工智能表情识别程序尝试构建了一个有着联觉功能的人工智能，它会在感知人类表情的同时散发出对应的独特气味。通过搭载的表情识别算法，它可以分析观众的面部表情并输出不同情绪的数值，同时基于这些情绪数值驱动装置运转，抽取不同比例的气味液体雾化混合，将观众的表情转化为独一无二的气味。不同的观众带着不同的情绪在"联觉器"面前停留3秒后，都会被"联觉器"感知，然后"联觉器"会生成那个特定时刻的情绪的气味。

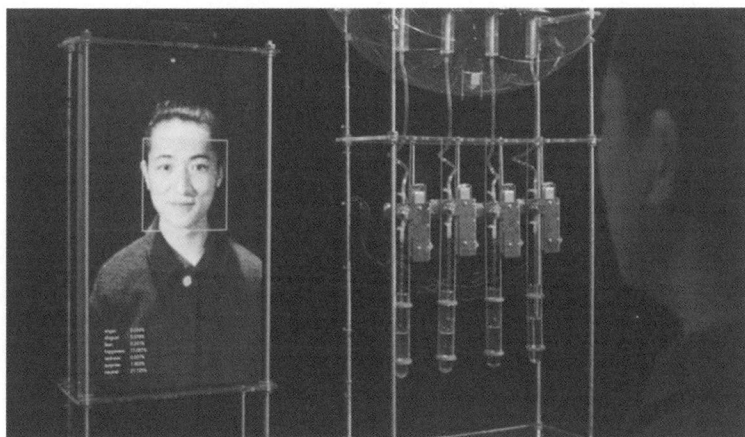

对行业新人的建议：在成为职业数字艺术家前，需要眼界的积累

以上几件作品简单呈现了数字艺术不同形态的应用场景，这些作品只是我自己数字艺术创作中的一些范例。数字艺术的创作和应用其实很广泛，因为你可以使用任何数字媒介，只要你认为它适合你的数字艺术创作。说起艺术创作，我们经常会聊到灵感来源。我觉得灵感

来源的前提是你要看过一定量的好作品。在数字艺术行业，有国际化视野是很重要的。有机会到处转转，多看看不同地方的数字艺术一定是有好处的。我在中央美术学院读了本科和研究生，期间去德国专注数字媒体艺术的学校卡尔斯鲁厄国立设计学院交流学习，而后在美国纽约大学读了第二个研究生。这些经历都对我的数字艺术创作很有帮助，我也在不同国家看了许多数字艺术展览。在艺术创作中，大量的输入很有必要，你看得足够多，才知道哪些是其他艺术家已经玩过的，哪些是自己觉得无聊的，而哪些是能唤起自己的创作激情的。在我的创作路径中，"新"是一个启发我、让我有创作欲望的点，它可以是一个新技术，也可以是一种新的视觉形式。我不太会给自己设限，我做互动装置、影像艺术，会写一点代码，也做音乐、声音艺术等。这些对我来说都涉及不同的媒介，而大部分时候，有了个灵感，媒介基本上也就确定了，因为一个点子的出现通常会伴随一个最适合表达它的媒介。我没有把找灵感和做创作放在一起，我的输入更多来自平日所见，创作的灵感很多时候是偶然出现的。

兴趣是一个职业数字艺术家的必备要素

数字艺术这个行业比较容易入门，但是如果想长久走下去，你必须对此感兴趣；同时，你必须是一个很有创造力的人。因为艺术创作不像一些纯靠输入的职业，努力学习足够多的知识就可以成为行业精英，当然，足够的知识摄取量是一部分，但更重要的是你需要有输出的能力，以此做出自己的表达。你要有能力用自己的原创作品展示自己的想法，发出自己的声音。数字艺术创作有着很强的反作用力，当你做出一件振奋人心的好作品时，你会由衷地获得满足感，带着激情创作下一件作品。但如果你在学习了很多相关知识后，没有想法或是做不出好的作品，这时候遭受的打击也很容易让人产生负面情绪，甚至产生放弃的想法。所以，如果你想成为一位数字艺术家，你必须真

210

的可以从中获得乐趣，从创作中获得意义感，它应该是你热爱的事，驱动你不断进行数字艺术创作，而不是仅仅为了生存。数字艺术这个行业在国内才刚刚起步，如果你也感兴趣，请带着你的激情加入吧。

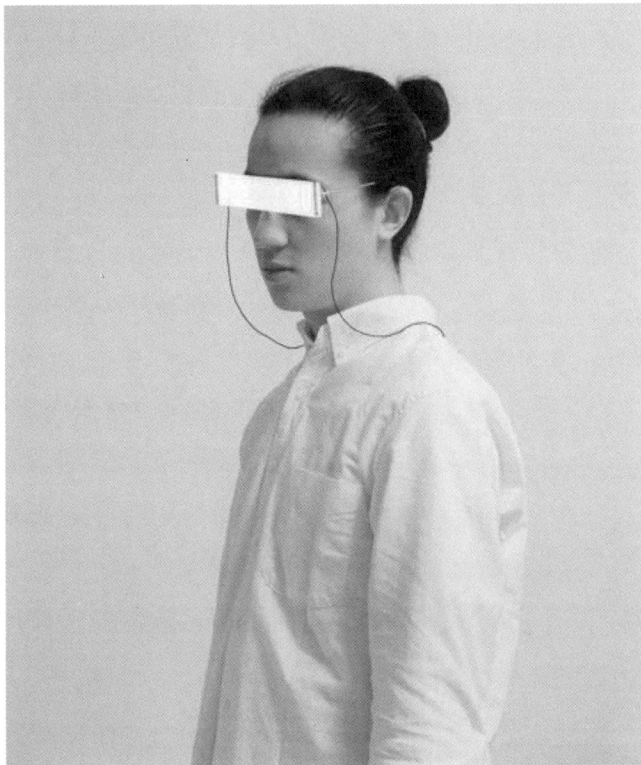

★ 胡帅（Shaun Hu）

数字艺术家，擅长使用数字技术打造多感官体验，创作涵盖三维数字艺术、交互体验展览、互动装置设计等，致力于用艺术与科技为商业空间和品牌注入活力。曾为天猫、轩尼诗、万象城、魅族等众多品牌的商业展览和产品宣传进行创作及艺术家联名活动，与明星艺人合作数字艺术内容。作品在美国、德国、英国、法国、日本等国的近百场展览中展出并获得多个国际奖项，相关报道发布于《连线》（WIRED）、《卷宗》（Wallpaper）等杂志官网。曾接受英国流明数字艺术奖、奥地利林茨电子艺术节等媒体的采访。

21

● 数据分析师 Stone

十年磨一剑——数据分析师的"慢"成长

———————

坚持做一件正确的事情，你一定会有收获，如果你还没看到收获，一定是坚持得不够久。坚持是普通人最容易做到的一件事。

还记得在研究生开学典礼上，院长问了一句："What are your guys' plans after graduation？"（你们毕业后打算做什么？）礼堂里静悄悄的，当时怀揣着"成为金融大鳄"梦想的我站起来说了一句："I will earn my place in Wall Street."（我想在华尔街赢得一席之地。）

现在的我没有坐在华尔街某家公司的办公桌前看金融世界风起云涌，而是看着互联网领域浩瀚无尽的数据乐此不疲，对此，我还经常和朋友打趣："谁能想到，这个世界上少了一个金融领域的精英，却多了一个优秀的数据分析师呢？"

没有阅历的年轻人

不到 30 岁，在很多人眼里我可能只是个"没有阅历的年轻人"，还没有资格谈论"在我们那个年代"这样的话。追溯到 10 年前，我还只

213

是个高中生。高中时的我可能是很多老师、家长最不喜欢的一类孩子，也就是"坏孩子""吊车尾"。听起来是不是有点像励志鸡汤文的开头？事实就是如此。高中分班的时候，我被分到了所谓的快班，本以为自己坐上了一趟快车，没承想一路坎坷，常年倒数，还经常扰乱课堂秩序，让老师、同学和家长都对我考好大学这件事不抱什么希望。要知道，在江苏这样一个高考竞争激烈的省份，如果无法出类拔萃，那么大概率就是做分母了。其实我骨子里是个要强的人，但因为起跑落后得太多，即使途中拼了命地追赶，还是远远落后于别人。还好结果不错，可能是因为我在最累的时候撑住了吧，高考挤入了全省前 3000 名，交出了一份让所有人都惊掉下巴、不敢相信的答卷。

我为什么要在开篇写这些"废话"回忆自己的高中生活呢？因为这段经历可以说给我"打不死"的性格奠定了基础。由于习惯了别人的轻视、指责和不相信，我在受到质疑时不喜欢去反驳，但在动手去做这件事情的时候往往会越来越坚定，哪怕用最笨的方法、经历再多的失败、花再多的时间，也要做出"平地惊雷"的效果。

好好学习这件事情，不只是我在学生时期坚持了很久并给我带来巨大收益的一件事，到今天，它已经演变成我处理一切事情的原则和方法论——选一件看起来比较笨但最容易做到的事情，坚持做下去。但矛盾的地方在于，这是很多人最不喜欢的一种方式，因为在现在快节奏的生活中，人心是浮躁的，大家做什么事情都喜欢"快一点"，都喜欢在最短的时间内看到成效。在工作中，这是必需的，因为所有行业都处于激烈的竞争之中，如果不想被淘汰，就需要走得比别人快。但如果从个人成长出发，想要系统性地做好、做成一件对自己很重要的事情，没有所谓的捷径。

这里回到我自己所在的数据分析领域，我感触特别深。我接触了太多同学、粉丝、后辈，听得最多的一个词就是"快速"——如何快速学完某某知识、如何快速完成转行、如何快速提升业务思维、如何快速拿到录用通知、如何快速成长……我挺无奈的，但我表示十分理解。

我深知这都是无法快速达到、无法在短期内做得很好的事情，但问出这些问题的朋友一定处于十分焦虑的情绪之中，所以我会把我的方法告诉他们，让他们能够先东拼西凑盖出一间草屋，哪怕能先避避雨也是好的。但其实我内心的真实想法是，为什么不早一点开始呢？为什么非要到可能找不到工作、可能对日常生活造成困扰的时刻，才想到要奋起直追呢？这个问题我问过自己很多次，如果回到10年前，我能够像在大学一样踏实地度过高中时期，我是不是可以走上更高的平台，过得比现在更精彩呢？

人生的"至暗时刻"

我经历过两次对我而言人生中的"至暗时刻"。

第一次是在准备出国留学的过程中，我考托福三战失败。作为第一次裸考托福就能达到90多分的人，你无法想象最后我一共考了五次托福、战线拉满了一年，才突破100分，获得自己理想的分数。而让我感觉自己经历了"至暗时刻"的第三次，是因为我尝试了当时所能想到的所有方法和努力，背水一战，但结果停留在了戏剧性的99分。一年后，当我成功考到100多分的时候，惊喜地发现之前每次拖累我、死死停在22分这个坎上的听力部分，我竟然获得了29分（满分30分）。

第二次至暗时刻，发生在我留美国求职数据分析师的过程中。当时我去面试一家非常想去的大型生物科技公司，一开始毫无期待，但随着几轮面试陆续通过，希望逐渐变大。我没日没夜地准备，可最后，我逐步建立起的希望和期待还是被一下子戳破了。在这之前，我已经投出去上千份简历，面试不下百次，但仍然没有拿到心仪的录用通知。那个时候，我内心已经不像托福屡次没考过时那样不甘心了，而是充满无力感，因为求职和考试不同，和一家公司的缘分，错过一次，短期内就很难再有了。结果呢，我当然没能进入那家公司，但是在调整好心情后拿到了另一个很不错的数据分析师职位。在美国求职成功和托福查分通过后的心情不太一样，那是一种成就感和自豪感，这对我来说不仅仅是找到一份工作，而是我会觉得，作为一个外国人，即使非母语表达，即使身份受限，我仍然可以和那些本国人竞争，我觉得自己终于可以在不用父母扶持的情况下独立生活和成长，这是这份工作之外的喜悦。

我度过至暗时刻的方式是分散注意力，先把这件让我很受打击的事情搁置，比如先出国上学，比如出去旅游，但这只是过渡的方式，不足以支撑我度过至暗时刻。如果大家回过头去看，无论我的成绩从"吊车尾"一路挤进全省前 3000 名，熬过最难熬的时光，高分考过托福，还是历经九九八十一难在国外站稳脚跟，这些过程有一个共性，那就是我凭借自己的坚韧和坚持渡过难关。

不仅在工作过程中是这样，从我开始成为一位数据分析博主到现在，我都坚定不移地相信这套方法论。自媒体兴起以来，很多人摩拳擦掌加入了自媒体博主大军，很多人会因为这样的笔记备受鼓舞，比如"一个月涨粉 ×× 万，我是怎么做到的"。但是做过的人应该知道，积累粉丝的过程并不是这么简单，坚持一段时间没有看到什么效果，可能大多数人就放弃了，这很正常。相比自媒体平台上动辄上千万的用户，那些高粉丝量的博主只是九牛一毛，这叫作幸存者偏差。我从不指望有什么契机可以让我一夜爆火，变成百万大 V [①]，我能做的就是保持一定的频率和较高的质量，持续更新和输出，哪怕数据不好，哪怕每天只增加几个粉丝，但只要我一直做下去，就有被更多人看到的可能，就有粉丝量突破瓶颈的那天。就是抱着这个想法，我做到了今天，并且会持续做下去。这个道理对于求职同样适用。大多数寻找数据分析师职位的朋友很容易受到别人的影响，今天看到谁发了个动态说找到工作了，明天谁谁谁拿到某家大公司的录用通知了，薪资多高

---

① 经过认证的微博用户在微博昵称后都会附有类似于大写的英语字母"V"的图标，因此，网民将这种经过个人认证并拥有众多粉丝的微博用户称为"大 V"。——编者注

多高……明明自己的方法没错，准备得也很充分，但结果就是不尽如人意，然后焦虑、自我否定等负面情绪开始涌上心头。相比于茫茫的求职大军，在这个岗位竞争如此激烈的情况下，那些顺利拿到理想工作的人实际上也是一种幸存者偏差。在正确的道路上坚持下去，这才是我坚持的信念。

谈谈数据分析师

回到数据分析师本身，这个职位是近几年才火起来的，因为数据分析这门学科以及大家对于数据的重要性的认知还处于发展期。这一学科在互联网领域的价值和应用比较突出，而其他众多领域都还处于数字化转型阶段，因此能够真正做到数据驱动的公司并没有多少，再加上市面上"挂羊头，卖狗肉"的数据分析师岗位乱飞，导致大家对数据分析师的理解比较片面，比如"数据分析师就是程序员""数据分析师就是取数、做表的工具人"等。

概括来说，真正意义上的数据分析师扮演的是业务增长参谋这样一个角色，也就是以具体的业务为依托，运用各种工具和方法挖掘数据背后的规律，从而推动业务的发展。说得更接地气一些，数据分析师就像诸葛亮，知道结合天气、对手性格、对手优势等诸多维度综合分析，然后提出草船借箭的方案，并亲自调船完成借箭，最终实现弓箭储备量的大幅增长。这就像一个高级数据分析师从 0 到 1 完成一个项目立项、分析及落地的完整过程。数据分析师需要会写一些必要的代码，也需要熟练地进行取数、制表、做看板这些基础工作，但这些事务只是组成数据分析师这个角色的小碎片，除此之外，扎实的数理统计知识、逻辑思考能力以及商业模式认知，甚至包括一些算法模型基础，都是成为一个优秀的数据分析师必备的素质。除了计算机、统计这些学科，数据分析也会与经济学、心理学甚至哲学等多个学科相互交叉，正是因为其综合性和能够创造的价值，数据分析师的平均月薪已经从2016年的1.8万元上升到了2021年的2.6万元。当然,我们知道,平均数会受到极大值和极小值的影响,且不同城市、不同公司数据分析师的岗位薪资也会有较大差异,因此,平均月薪提供的只是一个大致的参考。

抛开应有的知识储备、硬性技能,乐于尝试和挑战,懂得坚持,也是数据分析师获得突破的关键所在。我觉得数据分析师至少应该做到"三个坚持"。

第一,坚持探索。不是所有的分析都能够在短期内就显著地看到结果,甚至有的分析在经过一段时间的反复验证后会以失败告终,但这不应该成为坚持探索的障碍。这一点也和这个行业的天花板相关。很多人会觉得数据分析师天花板低,好像不用很久,也不用很大的努力就可以达到所谓的上限,但我觉得,这个行业的天花板是动态变化的,无论你处于初级、中级、高级,还是你作为专家、负责人,你总有自己所在的那个阶段需要面临和解决的问题,可能前期是准确地取出数据、分析结果,后期就变成了管好团队、切分好数据任务。有的人选择不突破,待在舒适圈里,这当然可以,应付好需求完全没问题,但你不能因此就说"数据分析师的天花板就是这样的,因为我看到的就是这样的,我已经在这个阶段待得很舒服了";有的人选择持续挑战,一定要把当前阶段的问题完全解决,并且思考可持续的应对方法论,明白下次遇到此类挑战的时候,如何更好地解决或提前规避,而在这个过程中,他所面临的天花板在无形之中就已经提升了。

第二,坚持学习。有一个问题我被问过无数次,那就是"数据分析师有中年危机吗"。不得不说,几乎所有职业都多多少少会面临中年危机这个问题,因为随着年龄的增长,认知会固化,学习能力会下降,同时,更优秀的后辈涌现,技术在革新,这在互联网行业尤其明显。那是不是我们到了35岁就宣告放弃、解甲归田呢?当然不是!帮助我们度过这次危机的重要方式之一,就是坚持学习。前面提到,数据分析师的工作具有综合性,既涉及代码的部分,也涉及业务思考的部分。

你目前是一位数据分析师，但在未来，你也有多种可能，也许会在数据分析这条道上坚持到底，也许会在这些分支上找到一条新路，但这条新路不是凭空产生的，而是需要在做好数据分析的同时，兼顾新方向上的沉淀和学习。例如，以后想做更多的代码工作，就需要坚持学习编程、算法方向的内容；以后想成为业务方，就要坚持和现在的业务方多交流，了解他们的思维模式和出发点。这样的学习是以兴趣和长远规划为导向的，解决的不再是当下找工作、养活自己的问题，它提供了更多选择和破局的可能。

第三，坚持自己的核心观点。在此我要先申明一点：坚持自己的观点不代表盲目自信，而是在反复验证过思考逻辑和数据事实、确认正确的情况下，坚持自己的判断。在工作中和业务方就一个点产生分歧是很正常的事情，因为对于同样的问题，不同的角色看待问题的角度和认知都会不同。这会导致一种情况，那就是在你按照自己的思路和框架完成分析并产出分析成果后，因为业务方的思路和你不同，或者分析结果和他的预期不同，因此会质疑。这里有人就会问了："在推进分析之前，不是会和业务方提前沟通吗？"确实是这样，但提前沟通对齐的内容是分析的大方向或者拆分出的若干关键点，具体操作时还是会由数据分析师自己判断。回到刚才我们说的问题，数据分析师不能是墙头草，在受到质疑的时候，我们可以再次确认分析框架、取数口径、计算逻辑等影响结果置信度的内容，可以就一些不清楚的点再次展开讨论，但不能轻易全盘推翻自己的核心观点。有效的沟通一定不是全盘接受他人的观点或想法，而是把自己认为正确的内容有理有据地表达出来并说服他人，这才是有利于公司整体利益的做法。所以，优秀的数据分析师应该有这样的坚持和自信。总而言之，在看重数据价值、努力做到数据驱动的公司环境下，数据分析师通常会有较大的话语权，所出具的分析结果和意见也会成为业务推进的重要背书。

回过头来重新看待"成为数据分析师"这件事，它不仅给我带来了不错的收入，教会我如何在工作中运用各种分析工具和方法论为公司创造价值（这些只是很小的一部分），还让我慢慢看清在职场的发展和竞争中，真正让自己变得特别和突出的重要品质是什么。说到这里，我真的要感谢之前那些"至暗时刻"，它们让我学会坚持。工作的行业会变，公司会变，但是"坚持做一件正确的事"这个理念让我快速适应着不断变化的职场环境。随着面临的问题更加多样，处理的对象更加复杂，作为数据分析师的那份理性和逻辑，让我从原先稍显莽撞和笨拙地坚持，变成现在学会在坚持中思考和探索变化，从而把原先的"承受痛苦"变成现在的"精益求变"，我想，这就是这份职业带给我的重要成长。

以上就是我的个人成长故事和价值观的分享，希望能帮助大家加深对数据分析师这个职业的认知。10年前，我还是一个无知的高中生，现在，我成了一个稍微有些阅历但还需要持续提升的数据分析师、知识博主，经历在变，感悟在变，视野在变，不变的是我个人坚信的方法论——把一件正确的事情，坚定不移地做下去。从长期来看，我们一定会有肉眼可见的成长！

★ 数据分析师 Stone

美国独角兽创业公司商业分析师，曾任字节跳动数据分析师。我用3年的时间完成了成绩"吊车尾"到进入名校的跨越，又花了3年的时间从商科生成长为一名经验丰富的数据分析师。一个人的成长故事有了坎坷和挑战才会变得有趣和丰满，希望我的故事能启发和激励你，也希望我在深耕数据分析这个领域后沉淀的知识与方法论能够加深你对这门学科的认知。

22

● 人工智能架构师大米姐姐

不要平庸，要架构未来

罗曼·罗兰说："世界上只有一种英雄主义，就是看清生活的真相之后依然热爱生活。"

在职场，我是美国顶尖芯片公司整个架构组唯一的中国女性人工智能架构师。在家里，我是 3 岁的调皮捣蛋宝宝的"老母亲"。业余时间，我在创业的路上跌宕起伏。做小红书快一年，我呕心沥血地分享职场成长经验，收获了 3 万多个高素质的粉丝宝宝。每一件事的背后都有很多心酸曲折，但是我始终坚持"活着就要折腾"，宁愿生命在绚烂中死去，也不想在平庸里蹉跎。

人工智能架构师是干啥的，收入如何

一般来说，架构师的地位很高，被认为是"最牛的技术专家"。我们部门有几千人，只有几十个架构师。架构师很受尊敬，影响力不小，其他的工程部门都听架构师的。一般来说，架构师薪酬相对较高，基本上是高科技公司中收入最高的职位之一，工作多年的高级架构师年

221

薪 50 万 ~ 100 万美元的也很多。记得我刚从工程部门转到架构部门时，突然发现我的工资涨了一大截，上面写着职位调整。

做一个成功的架构师，需要具备以下能力。

（1）创新并且有前瞻性。

对大公司来说，架构师是在做几年后的产品，架构师需要了解最新的科技动向，根据现在的最新技术、市场需求去设计几年后的产品。通常来说，架构都非常模糊，因为谁能说清楚几年后是什么样子的呢？很多人不喜欢这种不确定的工作，所以选择做实实在在的工程师。有些人，比如像我这样的，就很喜欢自己在黑暗中寻找方向，领导新的技术发展，然后指导工程部门实现自己的想法。我认为这样做非常有成就感。

（2）知识面要特别广，技术背景很深。

只有在懂的基础上才能创新，才能找出现在的问题，发现新的方法。行业内 60 多岁的资深架构师很多，我算是年轻的了。

（3）解决问题的能力。

架构师的职能不是去实现某个想法，而是寻找解决问题的思路。

（4）沟通能力和领导力。

架构师要与工程部门沟通产品需求，让其他部门实现自己的想法。这就需要架构师拥有良好的沟通能力，具备一定的影响力、领导力，这样，别人才愿意听你的。

我的转行故事

我是一个很有危机感，习惯未雨绸缪的人，总会在现在的位置上计划 5 年后、10 年后该干什么。我的老本行是电力电子新能源发电，对口的工作单位应该是电力系统、电厂之类的，但这在国外属于"夕阳产业"。留学的时候，出于对高压试验的恐惧以及对未来工作的担忧，我转向了图像处理、计算机视觉相关的方向。

我的第一份工作与人工智能也没有关系，是做摄像头系统的。一开始，我在实验室里和技术员一起测图像质量，做了半年后基本熟悉了公司环境。我认为，要想长远发展，不能一直做摄像头，因为在一个计算机公司，摄像头是一个边缘业务。于是，我自己找机会，跟着一个软件能力很强的中国师父开发软件，到现在我也非常感谢他带我起步，他手把手地教我 C++ 开发，我也做了几个拿得出手的创新项目。

公司里有一个内部创业的机会，这对一直怀有创业热情的我非常有吸引力，相当于公司出资源让我们几个人尝试，这在大公司里很难得。我顺利通过了严格的筛选，成为一个智能摄像头项目的技术主管（Tech Lead）。在这个项目里，我学习了很多创业知识、商业知识，读了很多书，比如《从 0 到 1》（Zero to One）、《精益创业》（The Lean Startup）等，也迅速提升了自己的软实力——这个项目需要我们不断给公司领导们汇报，我做演讲的能力因此大大提升。更重要的是，我真正开始深入研究人工智能、深度学习模型，并将其成功地应用在项目里。

退出创业项目后，我就加入了架构部门。架构师们最重要的工作之一就是产品创新。人工智能方向的创新数不胜数，加上现在各大公司都在关注人工智能，在未来几年，这肯定是很火的方向。

其实每次换环境我都会有阵痛，觉得很不容易，但在这个过程中，个人成长是最重要的，我得以认识更多的人和事，不断自我反省、学习，寻找最适合自己的位置。时代变化太快，今天很火的行业也许明天就变成冷门了，转行转专业已经成了新常态，要让自己不被潮流抛下，要让自己有更好的发展，就得有敏锐的观察力和执行力，不断审时度势，积极寻找适合自己的方向。

我在美国职场的成长经历

职场 8 年，我现在带着几十人的团队做非常前沿的人工智能项目，相对于刚开始工作时盲人摸象的状态，现在更加游刃有余，对大公司的操作、人际关系、晋升机制等都能融会贯通。如果你找到了属于自己的位置，那么成长就是指数级的；跟着对的上级，有一群支持你的下属，就会有乘风破浪的感觉。曾经我把晋升看得特别重，经常因为别人看不到我的优点而焦虑不堪，但现在，我的心态完全变了，只要自己做到最好，不断成长，做自己喜欢和热爱的事，遇到阻碍就绕道而行，总能找到适合自己的事业。

职场软实力有时比硬实力更重要，下面是我总结的几点提升职场软实力的建议。

（1）沟通交流永远都不嫌多，千万不要只做"老黄牛"。

开小会时建立关系，开大会时建立影响力，越多人知道你做的事越好，别人看得见你，你才能成长。

（2）人际关系的复利。

找到跟自己合拍、欣赏自己的前辈特别难，一旦找到，就要持续保持联系，合作共赢。一旦发现彼此不合拍，走为上计，千万别心存侥幸。

（3）关于晋升，一定要提前向领导提。

千万不要不好意思，提了之后，领导心里才会开始想"咦，这人做得还不错，是不是该给他升职了"。提前咨询他的意见，问自己哪里做得还不够，做得够了，自然就有机会升职了。

（4）不要把办公室当成家，正确设定人生的优先级，永远把自己的成长和生活放在第一位。

职场中碰到给你使绊子的人也不用过于纠结、郁闷，想解决办法，而不是内耗。

（5）工作一定要找对方向，做对的事情，而不是把自己搞得很忙，但做的事情没有意义。

自己的行为应与公司的目标一致，与自己领导的想法一致，帮助自己的领导做出成绩。

当我们职级比较低的时候，可能只需要完成别人交代的工作；当我们领导一个项目、级别高一些的时候，我们遇到的问题自然更复杂，我们要智慧地应对。

冲破职场天花板

华人在美国职场很容易受刻板印象的影响，比如认为我们只埋头苦干不重视交流，没有领导力，英语表达能力差，等等，职场天花板肉眼可见。我周围很多优秀的华人在同一个级别上一待就是几十年，由于没有融入当地的职场，想获得晋升非常不容易，对此，我有以下建议。

（1）要拥有战略眼光和敏锐的商业嗅觉。

我们要充分地认识到，技术绝对不是晋升的首要因素。在我们这一领域，很多刚入职场的新人总有一个误区，以为天天埋头写代码、做业务，领导总能看到我，是金子总会发光的。是的，刚入职场，领导肯定不会直接让你去解决战略问题，但我们需要培养这方面的能力，在技术修炼到一定火候的时候，就要寻找这方面的机会。去找一下产品的痛点在哪里？别人解决不了的问题是什么？做什么事情能让公司产生更多的利润？级别高了之后，你给公司带来多大的利润将直接影响你能否升职加薪。举个例子，如果你写了一个工具，使用这个工具后，公司能卖出更多产品，那么你一定会因此得到应有的回报。

（2）培养领导力。

我们要清楚，在这个世界上，单打独斗很难实现目标，想做成一件大事，就需要让人追随你，而你要能领导一个团队。别人为什么要追随你？只有让他们觉得，跟着你干让人放心，跟着你干有前途，跟着你干可以成功，这样他们才会追随你。在工作中，我们也会见到这样的人，他们特别有"保护欲"，重要工作都自己霸占着，生怕被别人抢走。这样的人，其实走不了多远，因为没有人愿意和他一起工作。

（3）培养讲故事的能力。

这是非常重要的。开会的时候、电梯里、楼道里，碰到认识的人可以开开玩笑、聊聊天，闲聊看起来没什么用，实际上能有效增进人与人之间的信任感、亲切感，让别人对你留下好印象。大家都愿意和自己喜欢的人共事，而不是和自己不认识、不熟悉的人合作。

（4）寻找好的导师。

有句话叫"师父领进门，修行在个人"。我认为这句话在职场上并不适用。很多时候，你的工作成果不是你自己吹出去别人就信的。可若是比你级别高的人也赞赏你的工作，业内人士一定更相信和重视他们的意见。

对成功和未来的思考

一路走来，我不断接触不同的人和事，也不停思考自己的职场和人生。我们终其一生努力奋斗的目的到底是什么？是成功吗？什么是成功呢？

大多数人眼中的成功，可能是有钱有权、成为公司的 CEO 或者有影响力的人。这是很危险的。在这种定义下，只有极少数人属于"成功"的人。成不了亿万富翁就是失败的吗？成不了 CEO 或有影响力的人就是失败的吗？

我觉得，成功从来不应该按照名利来衡量，成功应该是我们利用自己的能力来帮助、改善其他人的境遇和周围的环境，比如分享经验、做创造性的工作、推动科技进步、做义工……这些都是我们不断发掘自己的潜能、成为更好的自己的各种尝试。成功是一个人价值的实现，而不是为自己谋取了多少利益。

退一步来说，"成功"这个词本来就是虚幻的，是人们为追求人生意义而定出来的一个目标。就像诸神罚西西弗斯把巨石推上山顶，但是巨石不断滚落，循环往复，永无休止。这是一种看似没有希望的轮回。西西弗斯把巨石推向山顶好像就成功了，但这种成功是短暂的，成功后又要从山脚开始新一轮的追逐。其实，我们人生的意义存在于把巨石推向山顶的这个过程中，因为我们积极努力，怀揣信念，虽然汗流浃背、精疲力竭，仍充满热情，感受人生的愉悦。

★大米在米国

原名李政岷，英特尔高级计算机架构师，人工智能领域技术带头人。伦斯勒理工学院电子计算机博士，应用数学硕士。发表论文10余篇，专利10余项。本职工作外，她热衷于分享知识，是小红书平台上的教育博主，业余时间酷爱读书、运动、旅游。

23

● IP 猎手二胖小哭包

一个 IP 猎手的独白

别给自己设限，职场生活远比你想象的有意思。

天天看小说，赚得还很多？

你没看错，IP 猎手就是这样一个职业。我们的工作是按照影视公司的需求，帮他们从众多网络小说中，筛选出适合影视改编的作品。

其实我们这个行业从业者的数量并不算多，但存在感不弱，尤其是在每一部被读者奉为"白月光"的小说忽然宣布即将改编成影视剧的时候，被骂得最惨的就是我们……

我加入这个行业大概是在 2016 年。在此之前，我做过网络小说的内容签约编辑，也做过游戏公司的撰稿编辑，也尝试过全职写书，但都没什么太大的建树。后来在一些机缘巧合之下，我得以进入影视公司工作，这才慢慢接触到现在这个工作。其实在得知 IP 猎手的工作内容时，我的反应跟大部分人差不多——天天看小说就行？那这份钱也太好赚了吧！

怀着这种想法，入职了好几个月，我的业绩仍然是零。这一点儿都不意外，直到这时，我才慢慢开始思考：普通意义上的"看小说"

和这份工作的"看小说"之间，或许有很大的不同？

读者看书，看的是节奏是否紧凑、剧情是否跌宕起伏，追求的是在一个个恩怨情仇的故事里，体验自己在现实生活中无法经历的人生。在这种情况下，小说更像一件让人心情愉悦的产品，更重要的是，它是一件成品。

可站在 IP 猎手的角度来看书，评判一本书好坏的标准就大不一样了。首先，在 IP 猎手眼中，它其实只是一个半成品，好的 IP 不在于它现在是否足够精彩，而在于它是否有潜力被改编成一部足够精彩的影视作品。

我们常说"美人在骨不在皮"，其实小说 IP 也一样。读者追求"皮相美"也许就够了，而我们，因为还要再经历一道改编程序，所以更看重一部小说的"骨相"。

在转变了思路以后，我的工作终于有了起色，很顺利地达成了一部作品的影视合作。

这个项目完成之后，我想了很多。许多人都希望把自己的兴趣和爱好变成职业，但往往努力很久却不得要领。这种情况有很大的可能是因为没及时转变自己的角色——从消费者转变为生产者。

在经济飞速发展的现在，任何已经有成熟运营模式的行业，肯定都蕴藏着巨大的商机。作为爱好者，如果想要入行，本来就极有优势。当然，也有人觉得，把爱好当作职业，会慢慢失去这份热爱。但我始终觉得，真正的爱，便是投身它、建设它，然后与它一起变得更好！

努力很重要，但机遇同样重要

我负责的第一个项目完成之后，我好像终于摸到了一点做 IP 猎手的门道。当然，市场也没有辜负我的努力。

2018 年，随着影视行业的蓬勃发展，小说 IP 很快迎来了井喷式的爆发。在短短的 3 年里，我们成功运营了几十部作品。IP 授权金额越来越高，有的甚至达到了夸张的八位数。

我从不否认自己在工作上的努力，但我也必须承认，像我一样努力，甚至比我更努力的人还有很多，他们也许并没有我这样幸运。

当 IP 大爆发的时候，我觉得自己好像站在了风口上，是时代发展造就了行业红利，从而改变了我的命运。我所做的，只是顺应局势，乘风而起。

我大学的专业是电子商务，在杭州这座城市里，电商无疑是支柱产业，发展前景自然不必多说。当我拿到毕业证，准备步入职场的时候，电商市场的发展其实已经非常完善了。学历一般还不善言辞的我，在这种激烈的竞争中，实在是没什么优势。即便拼尽全力，大概也只能混个高不成低不就的尴尬位置。

人们常说，时势造英雄，但其实有潜力成为英雄的人很多，只是缺乏时势，便没有机会大展拳脚。

这个道理，我觉得在择业时也适用。对很多成熟的行业来说，市场规则已经建立，作为后来者，其实并没有太多发挥的空间。身为普通人，即便我们有一些对行业发展的想法，大部分时候也只能削足适履，去迎合已经成型的市场。但在一些新兴行业，因为市场还处在相对不成熟的状态，这时候入局，就能掌握更多的主动权。

对于一些比较能折腾的人来说，我建议大家在择业的时候看重前瞻性。因为越成熟的行业，能让我们普通人发挥作用的空间就越小。倒不如认真选择一条有潜力，但暂时还没兴起的赛道，兴许就能抓住机会了。

当然，我们深耕一个新兴行业，可能也会遇到低谷，但只要行业模式没有问题，就总有出头的那一天！

行业发展的困局

IP 行业高速发展，尽管创造了巨大的利润，从作者到出品方，相关人员都得到了丰厚的报酬，但很快就引起了反噬——改编剧越来越受人诟病，观众抵制的态度越来越明显。

好好的行业之所以会走到这一步，原因只有一个：改编剧的质量不行。

当改编剧还是新鲜玩意儿的时候，大 IP+ 流量明星似乎就是影视改编的制胜法宝。原著小说和主演自带粉丝，这个模式能为改编作品"保驾护航"。可随着改编剧越来越多，观众变得越来越挑剔，此时，大 IP+ 流量明星的路子开始走不通了。有问题就要解决，可一个小说最终被拍成影视剧，其中环节那么多，究竟是哪一个环节出了错呢？

毫无疑问，每一个环节都有问题。

网络小说的改编价值主要体现在两个方面：一是数据价值；二是内容价值。

其实对于数据价值，业内的争论一直很多。有一部分人觉得，数据是一部网络小说市场价值最直接的体现。原著庞大的粉丝群体，是该作品影视改编的坚实后盾。但另一部分反对这个观点的人觉得，网络小说的读者与影视剧观众之间，重叠的只占一小部分，网络小说和影视剧完全是两个不同的东西。所以，在网络小说市场上备受欢迎的作品，一定程度上反而说明它不适合被改编成影视剧。

而现实情况似乎佐证了这个观点。大量受欢迎的头部网络小说，在改编后收获骂声一片，这让 IP 猎手们不得不在挑选 IP 时转而关注小说的内容价值。

当然，改编的失败，编剧们也有不可推卸的责任。

许多观众责怪编剧，认为他们不愿意写原创本，靠改编剧本"偷懒"。可实际情况是，改编剧本比原创剧本更难写。

顺畅地按照自己的思路去写故事，对于每一个合格的编剧来说，都是基础的职业技能。然而改编剧本与此大不相同，一个完美的改编剧本，应该是在原著小说的基础上，取其精华，去其糟粕，尽可能保留原有框架和令人印象深刻的经典场面，将原著中不适合影视化的部分进行修改。

这本来就不是一件容易的事，而且任何改编都不可能符合所有人的心意，改编要挨骂，编剧们又怎能随心所欲地进行创作呢？

光是前期的内容创作阶段，便已经遇到了重重困难，更不用提后续的影视制作阶段了。正是这样，每一个环节都有所偏差，最终才导致改编出来的影视作品不尽如人意。

影视寒冬，从业者的出路到底在哪里

突如其来的疫情让本就存在许多问题的影视行业彻底迎来了寒冬。

许多剧组停工，经济损失无法估量。不少剧集不能如期上线，制作方的资金没办法顺利回流。许多小公司直接破产，实力强一些的公司，只能大幅缩减 IP 采购预算，甚至暂停了内容储备计划，还有一些公司要靠抛售转卖自己之前买入的 IP 变现，以此渡过这道难关。

忽然之间，曾经的甲方不仅无法给我们带来利润，还摇身一变成了我们的竞争对手。

经历了巨大的冲击以后，不少小伙伴纷纷转行。就连公司的核心业务团队，也有人选择另谋出路。毕竟，谁也不知道影视行业到底还能不能恢复以前的繁荣。而且，就算能，我们又要等多久呢？

行业的骤然冷却让我不得不重新审视自己。杭州居大不易，我必须打起精神来。可是已经在 IP 行业里打转了好几年的我，对其他行业知之甚少，压根儿找不到薪资水平差不多的新工作。而且，年近三十还未婚未育的女性身份，让我在求职时饱受挫折。

离开原公司以后，我尝试过剧本杀编剧和密室策划的工作，但与之前的工作相比，都有着巨大的落差。

每当我拖着疲惫的身躯回到家中时，我总是在想，这样的生活，真的是我想要的吗？曾经深耕过的行业，难道就真的一点儿出路都没有了吗？

巨大的工作压力让我苦不堪言，挣扎了一个多月以后，我选择了辞职回家写小说。然而，看似稳妥的决定，其实并没有多么轻松惬意。

毕竟，近些年网文的迅速崛起与 IP 价格的一路走高有着必然的联系。如今 IP 市场不景气，网文市场自然也连带着受到影响。

尽管不太如意，可生活总要继续。除了走一步看一步，似乎也没有别的办法了……

为了能继续携手向前，我们都在求新求变

全职写书的生活，很平静也很快乐。对写书没有太多天分的我，竟然有作品被看中，要被改编成短剧了。

短剧是伴随着自媒体平台的发展应运而生的产物，它成本低、内容下沉、传播广泛、盈利周期短，与长剧有着天壤之别。

为了让自己的作品的改编能够更顺利一些，我对短剧做了许多研究，也得到了新的启发：或许，我可以试着运营短剧版权。

在不同阶段，用户总会有不同的需求，像短剧这样短平快的项目模式，尽管利润不高，但内容需求量巨大，如果真的能做出口碑，又何尝不是一条出路？而且内容的商业运作核心万变不离其宗，归结起来就是挑选目标用户群体所喜爱的内容。

由于市面上暂时还没有主攻短剧内容的 IP 版权运营公司，所以一开始尽管我的业务不太熟练，但还是收获了很多合作机会，无论短剧的剧本创作还是版权合作的业务，都有了重大突破。

在跟短剧平台接洽的过程中，我还积极接触了有声、漫画、出版等以前没有深入了解的合作形式。

当然，对我而言，最好的消息莫过于熟悉的影视行业已经在慢慢复苏了。而且，经历了这次动荡，无论影视公司还是版权方，都对市场有了更加深刻的审视。

相信在未来，我们会有更多抵御风险的举措，也能携手为观众奉

献更加精彩的影视作品。

今年是我做 IP 猎手的第 7 年，我发自肺腑地热爱这份职业，也衷心期待，我和网络小说，将来还能有很多个 7 年……

★二胖小哭包

原名石洋，资深 IP 猎手，从业 7 年，成功运营 50 多部作品的影视版权，版权成交总金额超 4000 万元。

24

● 瑜伽老师语姐姐

恰到好处地健身

热爱可抵岁月漫长，温柔可挡艰难时光。

大家好，我是语姐姐，做专职健身博主 3 年了，拥有 10 多项健身专业证书，全网粉丝超 300 万，线上课程跟练量达 3000 万人次，还是 keep 的达人课程设计师。然而，我是半路出家，是非科班出身的健身教练、瑜伽老师。今天，我来和大家分享一下，我是如何从互联网职场人变成健身博主的。

找到了喜欢的工作，却被迫放弃

2012 年，我大学毕业。走出校园，因为不知道自己喜欢什么或者擅长什么，我做过销售，跑过业务，当过文职，却都未能持续很久。经历半年的迷茫和试错，我终于找到一份喜欢的工作——市场营销。**因为喜欢，可迎万难**；因为喜欢，不断钻研。这份工作，我一做就是 7 年。

市场营销的工作很忙，我们的工作时间几乎是"早 7 晚 11"，尤其到了营销的关键节点，比如各类电商节前，我们都忙得脚不沾地。面对高压的节奏和领导拍脑门定下的艰难的绩效目标，我总是又累脑又累心。

有人的地方就有江湖。我是个心直口快的人，遇到看不惯的就会直说，只会埋头做事，不会处理人际关系。2015 年，因为高压工作以及职场人际关系处理不当，外表看着充满正能量、积极乐观的我，开始焦虑，患上抑郁症。那段时间，沮丧、难过、患得患失、否定自己……都是常态。

游泳健身，了解一下

当时，我意识到，那种低落的情绪和状态非常不好，可我不知道怎么调节。直到同事带我去健身房，体验了一节私教课后，我发现，随着汗液的流失，我的负面情绪也消失了。运动后，身体从内而外地轻松了。运动时的我是快乐的、充盈的，那种感觉，真好。随后，在健身房会籍顾问的强烈推荐下，我被成功转化——办了健身房的卡，买了私教课，同时下载了 keep，计划记录我的运动生活。

是运动，让我从抑郁的状态逐渐变得积极阳光，变得正向。

就在 2015 年，我的人生轨迹发生了变化，我身上有了一个新标签，那就是"健身达人"。因为规律的训练加自身基础较好，我很快练出了马甲线，并在 keep 上记录每天的运动生活和健身饮食，我被越来越多的人关注，从几百人到几千人，再到上万人。这样的正向反馈让我更加热爱健身，热爱运动，热爱分享。

起初热爱，而后习惯

很多人问我："为什么你能坚持运动这么久，不会想偷懒吗，不会想放弃吗，会不会很辛苦？"

运动这件事，你付出一些，会收获更多。运动会让人释放多巴胺，会带给人快乐。坚持运动，除了收获你想要的身材，还会让你的心态更加积极，更加坚定，更加有毅力，这种精神状态会迁移到你做任何事情时的状态上。

运动除了让你看起来更年轻、更精神，你的工作状态也会变好，你的心态会改变，让你吸引更多阳光、积极的朋友，从而进入正向的圈子，你运动时那股坚韧不拔和吃苦耐劳的劲儿，会渗透到你生活的各个方面……你说，每天辛苦运动那 1 小时，收获这些，值得吗？

当然，你我皆凡人，我也有想偷懒的时候，但从未有过想放弃的念头。运动会上瘾，一天不动就心慌，只要行动起来，懒惰就会被扼杀在大脑里，它只是一个念头而已。

你可以从简单的行动开始，比如从走进健身房开始、从晨跑开始、从跳绳开始、从跳操跟练开始……先尝到运动的甜头，感受负面情绪和压力随汗液排出体外，你会发现，有了运动的陪伴，消极情绪会消散。

半路出家，从职场人到健身教练

起初，我并没有想过做博主，只是觉得，健身对自己、对他人都是好事，于是，我就在平台上像写生活日记一样去记录，去分享，但随着粉丝越来越多，我觉得，要对得起他们的关注，要分享些有价值的内容，要让他们看了有收获，做了有改变，关注有影响，一切都变得更好。所以，2018年，我有了进修健身的念头。

那一年，我母亲患病，因为体能差、心肺功能弱，手术难度非常大，需要做康复训练。当时我就想："如果我更加专业，更懂运动、健身、康复，母亲是不是会好得快一点？我能不能带着家人变得更加健康？"

这件事坚定了我去系统学习健身的决心。我斥巨资（那两个月我过得极其窘迫）去进修了美国认证健身教练课程，系统地学习了健身、营养、人体等领域的知识，顺利地通过了考试，获得了美国运动委员会（ACE）认证。这是健身教练国际四大认证之一，含金量非常高。

有了专业证书的加持，我可以做更多的事情。终于，在2018年年底，我鼓起勇气裸辞，决定去做健身教练、健身博主，给更多人带去健康的知识，带去改变的动力。

理想很饱满，现实很骨感

裸辞后，我按照自己的计划，经营着自媒体，兼职做着教练。2019年，我过得很艰难，因为，一切对我来说都是新的尝试，要从零开始，自己摸索。我勇敢地走出了第一步，却没有计划第二步、第三步……比如，前期自媒体无法变现，靠什么养自己；兼职教练虽然没有业绩要求，但收入很少，自己怎么活下去……原以为自由职业很"自由"，到了那时却发现，我收获了身体的自由、时间的自由，却失去了精神的自由，每天一睁眼，就要想如何赚生活费；每天早起，内心都是空空的，没有安全感。理想很饱满，现实真的很骨感。

但我相信，万事开头难，只要坚持，只要行动，去努力，去创造，去做对他人有益的事，结果一定不会差。

从无到有，自媒体博主升级闯关

一开始，在各个平台有了粉丝是我意料之外的事，此前，我从未有做博主的想法，在各个平台上发表内容就是为了记录生活，没想到有很多粉丝关注。全职做博主后，我发现，运营自媒体真的没有想象中那么简单，甚至可以说是非常虑心的。这件事既消耗脑细胞，也消耗体力。

比如，绞尽脑汁创作的一篇内容，因为封面选得不好、标题起得不好，最终看的人不多。

比如，科普的内容太深奥，粉丝听不懂。

比如，不会用爆文技巧，涨粉很慢。

比如，连续几个月没有接到商业合作，收入有限。

种种情况，都需要我去面对，但也是这些问题，推动我往前，让我从内突破，不断强大。

哪里不行，补哪里。

文案不好，我去学习大博主怎么起标题、怎么写内容，学习他们的逻辑。

封面不好，我自学 Photoshop，自学剪辑，先照猫画虎，再自己创新。

没有商务，我主动出击，寻找品牌，推荐自己，去争取合作的机会。

办法总比问题多，只要你足够坚定，足够坚持，情况会变得越来越好。

就这样，我从无到有，现在全网粉丝超过了 300 万。做出这个成绩，我用了 3 年，坚持了 3 年。

限制你的，是你自己的心态

2015 年我开始健身，2018 年获得了 ACE 认证，2019 年裸辞做博主，2020 年，我 30 岁，零基础开始学习瑜伽，后来成为 RYT500[①] 瑜伽老师。

很多人觉得自己岁数大了，有家庭，有孩子，还能去做自己喜欢的事吗？很多人认为自己没有时间、没有金钱、没有精力、没有基础、没有身材，所以不想健身，不想练瑜伽。我想说的是，任何人做任何事都是从零开始的。遇到想做的事，任何时候开始都不晚。

我 25 岁开始健身，29 岁做博主，30 岁才学习瑜伽，这说明年龄不是限制。

我学健身花了 2 万元，学瑜伽花了 3 万元，健身营养、孕产理疗等项目的进修学习，我的投入超过了 10 万元。几年来，我没有买过一个稍贵的包，我把钱用来学习，为自己喜欢的事情买单。

如果没有这些对自己的投资，就没有今天的我；如果没有当初的勇敢，就没有今天的我；如果没有一直以来的坚持，就没有今天的我。

被千万人讨要"煎饼馃子"，我却很开心

做自媒体，我最骄傲的事，就是做出的内容被他人需要，被他人赞许，粉丝通过这些内容收获了价值，实现了改变。

比如，我在 keep 上的一门课，跟练已经超过 3000 万人次，"瘦了2 斤""腰围细了 3cm""体脂率降低 3%""核心更强了"……这些都是

---

① RYT 的全称是 Registered Yoga Teacher，是美国瑜伽联盟的教练资格培训。RYT500 是指上完美国瑜伽联盟认证老师的 500 小时课程，通过考核，获得证书。——编者注

粉丝给我的反馈，当然，还有很多粉丝找我讨要"煎饼馃子"。

为什么呢?

因为我是天津人，名字里的"姐姐"也因天津称呼习惯，并非我真的岁数大。那门课中，我总是加上天津话解说，我的初衷是，天津话比较"哏儿"，可以让大家在运动时收获快乐。

我是从零基础开始健身的，是上了几百节私教课的"过来人"，我知道，运动时很辛苦，会产生很多次想放弃的念头，但当教练夸你一句，或者说要给你拍照时，精神头立马有了，一定会竭力坚持。

所以，我就在课程里说:"坚持到最后，我请大家吃煎饼馃子。"多少人，为了这套煎饼馃子，坚持着，每天都打卡。虽然身上有千万套煎饼馃子的"负债"，但我内心是开心的，因为这代表我的内容被喜欢了，我的用心被感受到了，我的输出有了正向反馈。

90%的粉丝是女生，最后成了姐妹

现在，很多博主背后有机构运作，这类机构带着目的去做账号，用技巧获取粉丝的关注，而我一直坚持用感情去做账号，用内容打动粉丝，因为，我的粉丝都有感情，我相信，隔着屏幕，他们能感受到我付出的情感、我的责任心，至于变现、赚钱，我相信，只要输出价值，这些都是顺带的事。

果不其然，很多粉丝都留言对我说他们能感受到我的用心，并且说我非常实诚，而且，90%的粉丝是女生，很多粉丝一开始默默关注我，然后与我无话不谈，她们觉得我没有距离感，接地气，很亲切。对啊，这就是真实的我，我像对待姐妹一样对待她们，虽然从未谋面，却似曾相识。

很开心的是，我还有一个群，是粉丝建立的。在群里，大家什么都会分享，我们会远程一起购物，一起运动，一起分享吃吃喝喝，他们也是我的智囊团，我准备了课程选题，常常会在群里问他们的意见;

他们遇到好的内容，也会分享给我。这种感觉真奇妙，也真美好。可以说，我们就是"亲姐妹"般的关系。感谢这个时代和平台，让我们相遇、相识。

热爱可抵岁月漫长，温柔可挡艰难时光

自媒体的工作非常饱和，因为没有团队，我是执行，是剪辑，是文案，是商务……我对接着各种事，经常早晨7点起床，运动后，就埋头到一天的工作中，再一抬头，天都黑了。虽然很累，很辛苦，但因为这是我喜欢的事，我热爱的事，所以付出再多，我也是喜悦的、充盈的，就像在职场中，为完成任务而做，为应付领导而做，为赚取工资而做，为自我实现而做，是不一样的感觉，它们带给人的成就感是不一样的。

我一直觉得，世界上最伟大的商业价值就是"利他"，用这个思维去做事，但行好事，莫问前程，多做对他人有帮助的事、对社会有贡献的事，相信我，结果一定不会差。

虽然过程中你会遇到各种难题，你要处理各种情绪，但一切都处在变化中，请接纳这样的规律，然后，用平和的心态去面对。外在柔软，内心坚强。

其实，各行各业都不容易，每个人的人生也都有起起伏伏，无论身处哪个阶段，都有各自的烦恼，但请记得微笑。

不管你现在是有工作还是在找工作，是想跳槽还是想创业，尽量选择你喜欢的事，做让你快乐的事，不要顾虑太多。人这辈子，钱是赚不完的，生不带来，死不带去，但是经历会伴随你一生，会带给你价值感。时间是最宝贵的，与其把时间花在不喜欢的工作上，花在焦虑和纠结上，倒不如放手一搏，做自己喜欢和热爱的事，勇敢一点，即使失败又怎样，大不了从头再来，但你收获了经历，收获了勇敢的自己。

人生不设限，任何事都不是阻碍你前进的理由，只有你的内在，你的心态，才会阻碍你。如果一个念头在你的脑海里反复出现，你想做，却总是担心、纠结、害怕，以至于这个念头占用了你太多的时间，那么我想对你说："勇敢点，去做，错了也不怕，失败了也没关系。人生，经历最宝贵。"

热爱生活，记得快乐。

★ **语姐姐**

不放弃美食的健身博主，半路出家的瑜伽老师，ACE 认证健身教练，RYT500 瑜伽老师，健身营养师，理疗康复师，拥有 10 多项专业健身证书的职场经理人。因为热爱，裸辞做自媒体，收获百万粉丝；因为天津话，课程超 3000 万人次跟练。因为喜欢，可迎万难。年龄、身材、容貌、技术，都不是限制，勇敢一些，人生不设限。